AF403735

FABRIQUE

DES

ANCRES,

LUE A L'ACADÉMIE EN JUILLET 1723.

Par M. DE REAUMUR. *Avec des Notes & des Additions*
de M. DUHAMEL.

M. DCC. LXIV.

V. 3965 bis (5)

FABRIQUE
DES ANCRES,
LUE A L'ACADÉMIE EN JUILLET 1723:

Par M. DE REAUMUR. Avec des Notes & des Additions de M. DUHAMEL.

NOUS ALLONS entrer dans le détail d'un des plus gros ouvrages qu'on fasse avec le fer : les ancres sont certainement un des plus massifs que l'on forge avec ce métal, & peut-être un de ceux qu'il importe le plus de bien forger. Que deviendroit un Vaisseau dont souvent le salut est confié à ses ancres, si elles étoient composées d'un fer trop cassant, ou mal soudé ? En suivant les différentes manieres dont on les fabrique, nous examinerons quelles sont les plus propres à leur donner toute la force qu'il leur est nécessaire.

La figure d'une ancre (*Pl. I. fig.* 1 *) est assez connue ; mais nous ne pouvons employer les noms de ses différentes parties qu'après les avoir expliqués.

Cette tige de fer droite, qui est la plus longue partie de l'ancre, s'appelle *la verge A B;* quelques Auteurs la nomment aussi *la vergue.* A un des bouts de la verge sont soudés *les deux bras B D, B G;* ce sont ces deux pieces de fer recourbées vers la verge, qui forment deux especes de crampons, dont un seul doit avoir assez de force pour soutenir un Vaisseau contre les vents les plus impétueux ; chaque bras se termine par une pointe qui forme une espece de triangle isoscele ; les bouts des bras *M D, B G,* sont appellés *les pattes.*

L'endroit le plus gros de la verge & le plus proche des bras, est appellé *le fort de la verge;* delà elle va en diminuant jusqu'à quelque distance de son autre bout. L'endroit où elle a le moins de diametre se nomme *le foible* ou *le petit rond de la verge.* Depuis le foible jusqu'au bout elle augmente de diametre, & est forgée à-peu-près quarrément ; aussi appelle-t-on cette partie *la culasse,* ou plus communément *le quarré de la verge.* Le quarré est traversé par un trou qui reçoit un gros anneau de fer auquel est attaché le cable

---

* Les Planches I, II & VI ne faisoient point partie du Mémoire de M. de Réaumur.

qui retient l'ancre : cet anneau s'appelle *l'organeau*. Enfin au-deſſous de l'organeau, c'eſt-à-dire, entre l'organeau & le foible de la verge, il y a deux tourillons de fer diamétralement oppoſés, ſoudés contre le quarré ; quoiqu'on les nomme *des tourillons*, ce ne ſont que deux bandes de fer coupées quarrément, dont l'épaiſſeur eſt différente dans les différentes ancres. Ces deux pieces n'ont d'autre uſage que de donner la facilité d'arrêter en croix ſur la verge une piece de bois qui l'égale en longueur. Cette piece de bois, qu'on appelle *le jas*, n'a rien de commun avec la fabrique des ancres ; mais il néceſſaire de la connoître, ſi l'on veut ſavoir comment les ancres ſe diſpoſent pour mettre un Vaiſſeau en ſûreté (¹).

Une ancre ſans jas jettée dans la mer, s'y coucheroit à plat ; les deux bras

---

(¹) La deſcription des Ancres que donne M. de Réaumur m'ayant paru trop ſuccinte, j'y ſupplée par ce qui ſuit, & par la Planche I, que j'ai cru devoir ajouter. Toutes les ancres dont on ſe ſert pour les gros bâtiments ſont formées, 1°, de la *verge AB* (*fig.* 1) qui augmente de groſſeur à meſure qu'elle approche de ſon collet, qu'on nomme auſſi *le fort* ou *le gros rond de la verge*, du côté de la croiſée ou de l'encolure *B*. Le bout *A E e* de la verge oppoſé à l'encolure eſt priſmatique ſur une baſe quarrée : on nomme cette partie *le quarré de la verge* ou *la culaſſe de l'ancre*. La longueur de la culaſſe eſt égale à un ſixieme de la longueur totale *AB* de l'ancre. Les faces du quarré ou du priſme ſont égales au diametre de la verge à ſon foible ou à la partie qui touche la culaſſe *e*, excepté que les deux faces paralleles au plan des pattes, ſur leſquelles eſt percé le trou qui doit recevoir l'organeau, ſont tenues un peu plus larges depuis les tourillons *E* juſqu'au bout, afin de renforcer cette partie qui eſt affoiblie par ce trou. Cette augmentation de largeur eſt d'une ligne & demie, ou au plus de deux lignes par pouce. On donne à la culaſſe une forme quarrée, & on la tient plus forte que le foible de la verge pour y mieux faire tenir le jas *NO* (*fig.* 6.)

Le diametre du barreau qui fait *l'organeau* ou l'anneau qui ſert à joindre le cable à l'ancre, eſt d'un tiers d'une des faces de la culaſſe priſe au-deſſous des tourillons. On fait le diametre du trou qui doit recevoir cet anneau de deux lignes plus grand, pour que l'organeau puiſſe jouer. Le diametre extérieur de l'organeau eſt égal à la longueur *Fe* compriſe depuis le trou de l'organeau juſqu'à l'extrémité du foible de la verge.

Au milieu de la longueur de la culaſſe ſont ſoudées deux oreilles qu'on nomme aſſez mal à propos *les tourillons*; leur épaiſſeur eſt égale à un tiers de la culaſſe ; ils ſont recouverts par le jas, encaſtré par ſes flaſques, & ils ſont ſoudés ſur la même face de la culaſſe où eſt percé le trou de l'organeau.

La circonférence de la verge à ſon fort ou collet près les aiſſelles eſt égale à la cinquieme partie de ſa longueur, & la circonférence de la même verge à ſon foible ou petit rond *e* n'eſt que les deux tiers de la groſſeur au fort.

A l'extrémité *B* de la verge oppoſée à la cu-laſſe ſont ſoudés les bras *BD BG* qui forment ce qu'on appelle *la croiſée* : l'endroit où les bras ſont réunis à la verge ſe nomme *l'encolure*, & les angles rentrants formés par les bras & la verge s'appellent *les aiſſelles*.

La circonférence des bras auprès des aiſſelles eſt égale à celle de la verge à ſon fort ; & à la naiſſance des pattes *L M*, ſa groſſeur eſt la même que le foible de la verge en *e*. L'extrémité *D* du bras qui forme le bec, ou par corruption *la bec-que* de la patte de l'ancre, n'a de largeur que la moitié du diametre du bras en *L M* ; les deux bras forment ordinairement enſemble un arc de cercle dont le centre *H* eſt aux trois huitiemes de la longueur de la verge, à compter d'entre les aiſſelles ; & comme chaque bras eſt auſſi égal aux trois huitiemes de la longueur de la verge ou au rayon, il s'enſuit que les deux enſemble forment un arc de 120 degrés.

Si on vouloit reſſerrer un peu les pattes pour donner à la croiſée la forme d'une anſe de panier, il faudroit, après avoir tracé la partie *IL* du centre *H*, tracer la partie *LD* du centre *C*, faiſant en ſorte que les deux arcs ſe joigniſſent ſans reſſaut.

La portion *IL* des bras eſt un peu applatie, comme le repréſente la figure 5 qui eſt la coupe de la verge ſuivant la ligne *HQ* ; on la nomme *le rond du bras*. Sur la portion *LD* du bras qui eſt quarrée, & qu'on nomme pour cette raiſon *le quarré du bras*, ſont ſoudées des pieces de fer plat triangulaires qu'on nomme *les pattes* : leur longueur *LD* eſt égale à la moitié de la longueur *ID* des bras ; leur largeur en *MM* (*fig.* 3) eſt les deux cinquiemes de la longueur du bras, & elle eſt réduite en *D* à la même largeur que le bras à cet endroit *D* ou au bec. Les angles abat-tus ou non *MM* (*fig.* 2 & 3) ſe nomment les *oreilles*.

Le jas *NO* (*fig.* 6) eſt un aſſemblage de deux pieces de bois de figure ſymmétrique ; elles embraſſent le quarré de la verge & les tourillons. Elles ſont exactement empattées l'une avec l'autre & liées par des chevilles de fer & deux ou ſix frettes *P* ; le jas a au milieu environ quatre fois plus de ſolidité que la verge, & il diminue vers les extrémités : ſa longueur eſt la même que celle de la verge, & ſa poſition eſt telle qu'il croiſe les bras à angle droit.

s'y placeroient à peu près horizontalement, ou fi le cable élevoit le bout de la verge auquel il tient, les deux bouts des pattes de l'ancre s'éleveroient auffi au-deffus du fond de l'eau ; ils feroient également hors d'état de s'y enfoncer. L'ancre alors n'arrêteroit le Vaiffeau que par fon frottement ; & ce feroit oppofer un foible obftacle à la force du vent, comme on ne l'éprouve que trop, lorfque le fond ne donne pas prife aux pattes des ancres. Afin que l'ancre devienne un point d'appui ferme, il faut qu'elle s'accroche par une de fes pattes ; & pour cela il faut que le bout d'une des pattes laboure le fond de la mer. Comme ce fond eft rempli d'inégalités, il ne le laboure pas long-temps fans s'y enfoncer ; or c'eft le jas qui donne cette pofition favorable à l'ancre. Le jas eft attaché de façon fur le quarré de la verge, qu'il ne fauroit être horizontal fans qu'un des bras de l'ancre foit au-deffous, & un autre au-deffus de lui ; le plan qui pafferoit par les deux bras & par la verge, feroit perpendiculaire au plan qui pafferoit par les tourillons du jas & par la verge. Cela fuppofé, il n'eft pas mal aifé de voir comment l'ancre s'accroche. D'abord qu'on l'a jettée, fa pefanteur la porte vîte au fond de l'eau ; elle entraîne le jas avec foi ; elle s'y couche à peu près horizontalement, comme nous l'avons dit ; mais dès-lors qu'elle touche le fond, elle n'agit plus de toute fa pefanteur contre le jas ; il devient en état d'agir contr'elle avec quelque fuccès ; s'il eft trop foible pour l'enlever entiérement, il a affez de force ou de légéreté pour foulever le bout de la verge. Il fait plus : il la fait tourner ; il redreffe l'ancre fur une de fes pattes, & cela par la loi d'hydroftatique qui oblige un bâton à fe coucher horizontalement fur l'eau. Mais le jas ne peut parvenir à cette fituation horizontale, fans mettre en deffous un des bras, & l'autre en deffus. Celui des bras, à l'élévation duquel moins d'inégalités du terrein s'oppofent, prend le deffus ; & c'eft à celui qui refte en deffous à s'accrocher. La pointe de fa patte s'enfonce dans le terrein ; & à caufe de la figure recourbée du bras ; elle s'y engage davantage à mefure que le Vaiffeau, en tirant fur le cable, fait effort pour amener l'ancre à foi.

On a apparemment bien tâtonné avant d'en venir à donner aux ancres la figure qu'elles ont aujourd'hui, & elle eft très-propre à produire l'effet qu'on en attend. La pointe de la patte & fa figure triangulaire lui donnent la facilité de s'ouvrir une route dans le terrein. Il eft néceffaire de plus que la patte ait de la largeur à quelque diftance de fa pointe, & même plus que le refte du bras. Un terrein fablonneux ou vafeux doit fervir d'appui folide à l'ancre : or fi la patte étoit une efpece de crochet rond, un terrein mou n'oppoferoit pas affez de réfiftance à fon mouvement. Le crochet de l'ancre quoiqu'engagé dans le terrein, avanceroit, au lieu que la pate de l'ancre étant large, trouve une trop grande quantité de terre à déplacer, & par-là un terrein, même mou, lui devient un appui folide.

A l'égard du nombre des bras qu'on donne aux ancres, on demandera peut-être pourquoi on s'eſt déterminé à deux ; puiſqu'un ſeul agit, un ſeul ſembleroit ſuffire. Mais il eſt à obſerver qu'à proportion que la patte inférieure de l'ancre eſt plus chargée, elle s'enfonce davantage dans le terrein ; le poids du bras ſupérieur ne doit donc pas être regardé comme un poids inutile ; & d'ailleurs ce bras peut devenir utile, ſi l'autre venoit à manquer. Il eſt vrai qu'on pourroit peut-être placer la matiere qui compoſe le ſecond bras, de maniere qu'elle contribuât davantage à fortifier l'ancre, & à charger plus à propos le ſeul bras qui reſteroit ; mais ce ſont des recherches à faire, & il ne s'agit à préſent que de ce qui eſt en uſage.

Il y a même des ancres où l'on augmente le nombre des bras, loin de le diminuer. Le P. Reinau dit avoir vu de groſſes ancres à quatre bras : celles des galeres en ont trois ; diverſes petites ancres appellées *grapins*, qui ſervent aux Chaloupes ou aux petits Bateaux, ont de même trois bras, & quelquefois davantage ; mais auſſi ne donne-t-on point de jas à ces dernieres, parce qu'on veut éviter l'embarras de ſon volume ; & pour ſuppléer à ce jas, il faut qu'il y ait aſſez de bras pour que quelqu'un ſoit en état de s'accrocher. Ces ancres à plus de deux bras ne ſont pas des pieces fort importantes : c'eſt uniquement de celles qui en ont deux, que nous allons parler.

Feu M. Perrault, de l'Académie des Sciences, connu par quantité de grands ouvrages, & qui avoit eu en partage l'eſprit d'invention, avoit imaginé de donner une nouvelle figure à la verge des ancres, & cela ſur-tout pour ménager les cables. La figure de cette ancre eſt gravée dans un petit Recueil de Machines nouvelles du même Auteur, imprimé en 1700, par les ſoins d'un de ſes freres. Nous l'avons auſſi fait graver dans la Planche IV, fig. 8, pour la commodité de ceux qui n'ont point le Recueil où elle ſe trouve. La verge eſt compoſée de deux branches qui ſe réuniſſent à quelque diſtance des bras, mais qui de-là juſqu'à l'autre bout de l'ancre vont toujours en s'écartant ; elles forment une eſpece de fourche ; les bouts de ces deux branches ſont chacun percés par un trou où paſſe le cable. La vue de l'Auteur étoit de faire tomber à la fois moins d'effort ſur le cable ; il vouloit que l'ancre, quoique fermement arrêtée dans le terrein, pût céder en quelque ſorte au cable ; & pour cela que les deux branches qui compoſent la verge, puſſent s'approcher l'une de l'autre ; mais il n'y a gueres apparence que cette invention ingénieuſe pût être de quelque uſage. La verge compoſée de deux pieces ſeroit trop foible, ou ſi l'on donnoit à chacune des branches toute la ſolidité néceſſaire, elles n'auroient plus de flexibilité pour céder au cable ; d'ailleurs le fer des ancres, comme nous le verrons dans la ſuite, ne ſauroit être trop doux, ou ce qui revient au même, avoir trop peu de reſſort. Quand le cable auroit une fois fait céder les branches, elles ne s'écarteroient plus ; il les ameneroit bien-tôt au point de ne faire plus que l'effet d'une verge ſans branches.

On

On fabrique des ancres plus ou moins pesantes, selon la grandeur des Vaisseaux auxquels elles sont destinées. Le même Vaisseau en a plusieurs de différents poids, dont la premiere ou la plus pesante s'appelle *la maîtresse ancre*. Le P. Fournier, dans son Traité d'Hydrographie, page 35, dit que la proportion établie entre le port du Vaisseau & le poids de la maîtresse ancre, est de cent dix livres de fer, pour vingt tonneaux, de sorte qu'on donne une maîtresse ancre du poids de 8250 liv. à un Vaisseau 1500 tonneaux. Comme le Vaisseau a 75 fois 20 tonneaux, l'ancre a de même 75 fois 110 liv. de fer. Ce n'est pas pourtant une proportion qu'on suive toujours bien exactement.

Mais quel que soit le poids de l'ancre, elle doit être construite de façon que la force de chacune de ses parties soit proportionnée à l'effort qu'elles ont à soutenir, je veux dire, que les endroits de l'ancre contre qui le Vaisseau tire avec plus d'avantage, doivent être plus forts que les autres. La figure de ses bras, & leur longueur par rapport à celle de la verge, doivent aussi être telles, que l'ancre puisse s'accrocher aisément. La perfection de l'ancre consiste à arrêter un Vaisseau facilement & stablement; elle ne sauroit faire l'un & l'autre, si les diametres & les longueurs de ses parties n'ont entr'elles de certaines proportions. Mais quelles doivent être ces proportions, afin qu'elles soient le plus avantageuses qu'il est possible? quelle longueur, quel recourbement, & quel diametre doivent avoir les bras par rapport à la verge? en quels endroits les bras doivent-ils être les plus forts? où la verge doit-elle être la plus forte, ou doit-elle être dans toute sa longueur d'une grosseur uniforme? Ce sont autant de problêmes qui mériteroient d'être résolus géométriquement, & qui le pourroient être, si on se donnoit la peine d'assembler les expériences d'où leur solution peut être tirée.

Ce n'est pas que l'exactitude géométrique soit nécessaire dans l'exécution de la plupart des instruments & des machines; on ne peut pas même se promettre d'y arriver. Cependant il est toujours avantageux de connoître le but auquel on doit tendre; on s'en écarte moins. Mais nous remettons à examiner ce qui a rapport aux différentes proportions des ancres, jusqu'à ce que nous les ayions vu fabriquer (¹).

(¹) M. de Réaumur insiste peu sur la figure la plus avantageuse qu'on doit donner aux ancres, même en joignant ce qu'il dira dans la suite à l'article des proportions. Je ne me propose pas non plus de traiter rigoureusement cette partie; il faudroit m'engager dans des recherches Mathématiques qui sont au-dessus de mes forces; mais je crois qu'il ne sera point déplacé de rapporter des idées qui peuvent faire appercevoir que la figure qu'on donne aux ancres paroît bien propre à remplir le service qu'on en exige.

La figure des ancres doit être telle, 1°, que l'ancre prenne promptement, c'est-à-dire, qu'elle entre aisément dans le fond, 2°, qu'elle tienne ferme ou qu'elle ne chasse pas, 3°, qu'elle résiste aux efforts du vaisseau, sans se rompre. Suivons ces trois objets qui ont mérité l'attention de M. de Réaumur, & j'en ferai autant d'articles particuliers.

ARTICLE PREMIER.

Comment l'Ancre prend.

Quand on laisse tomber l'ancre, la croisée étant la partie la plus pesante, elle doit, de toute nécessité, tomber la premiere. Ainsi, c'est cette

De la Fabrique des Ancres.

POUR venir à préfent à la fabrique des ancres, nous remarquerons qu'on forge féparément chacune de leurs parties, c'eft-à-dire, la verge, les deux

---

partie qui touchera d'abord fur le fond (*fig.* 7); enfuite comme la moindre pefanteur du jas fur le volume d'eau qui déplace n'eft pas confidérable, l'ancre fe couchera fur le fond. Il eft bon de rapporter les raifons qui me font croire que le jas ne pourra pas tenir la verge dans une pofition verticale, comme il femble que le penfoit M. de Réaumur.

Le jas d'une ancre de réferve peut avoir au plus 20 pieds de longueur fur un pied d'équarriffage réduite; ainfi ce jas eft formé par 20 pieds cubes de bois, qui déplacent 20 pieds cubes d'eau. Mettons ce bois de chêne à 60 livres le pied cube, il eft prefque toujours plus pefant, & le pied cube d'eau de mer à 72 livres; le jas tendra à foulever la verge de l'ancre avec une force égale au plus à 240 livres. Ce n'eft pas de quoi fupporter un pied de longueur de la verge avec fon organeau & les cercles de fer qui embraffent le jas. L'ancre fe couchera donc infailliblement : mais elle peut fe coucher fur un fond horizontal de deux façons différentes. Dans l'une, la croifée eft couchée fur le fond, pendant que le jas y eft appuyé par un de fes bouts; dans l'autre, le jas eft couché horizontalement fur le fond, & la croifée étant perpendiculaire, l'ancre repofe fur une de fes pattes. Il eft clair que l'ancre ne peut mordre dans le fond que quand elle eft dans cette pofition. Il faut examiner d'abord laquelle de ces deux fituations eft la plus naturelle aux ancres. CD (*fig.* 7) repréfente la croifée; *AB*, la verge; *EF*, le jas. Concevons d'abord (*fig.* 8), que la croifée *DC* foit couchée horizontalement fur le terrein, de forte que l'extrêmité *E* du jas repofe fur le terrein. Voilà une pofition. Dans l'autre (*fig.* 9), le jas eft couché horizontalement, & l'autre bout de l'ancre s'appuye fur une de fes pattes *D*. Ce n'eft, comme le dit M. de Réaumur, que dans cette fituation que l'ancre peut mordre dans le terrein. Il me paroît néanmoins que la premiere fituation eft celle que l'ancre doit prendre plus naturellement, parce que, portant d'abord fur le terrein par le fort *A* (*fig.* 7) de la croifée, elle a plus de foutien du côté de *C* & de *D*, que du côté de *H* ou de *G*, qui repréfente une ligne qui coupe à angles droits la croifée *CD*. Ainfi, rien ne s'oppofant à ce qu'elle s'incline du côté de *H* ou de *G*, elle fe placera donc de façon que la croifée *CD* fera parallele au terrein (*fig.* 8), c'eft-à-dire, qu'elle fera dans la fituation la plus défavantageufe pour mordre. Mais bien des caufes concourront à lui en faire prendre une plus avantageufe. Ces caufes font toutes celles qui pourront faire tourner la verge *AB*, qu'on peut regarder comme un axe où réfide le centre de gravité de toute l'ancre; mais cette verge ne peut pas tourner fur elle-même à caufe de la longueur des bras. Il faudra que la partie *A* de la verge s'éleve d'une hauteur pareille à la longueur du bras *AD*, en décrivant un quart de cercle, dont le centre eft à l'extrêmité *D* de ce bras, pendant

que le bout *B* de la verge s'abaiffera en décrivant un quart de cercle, dont le centre fera à l'extrêmité *E* du jas. Or on voit que plus le rayon *EB* fera long & le rayon *AD* court, plus il y aura de facilité pour exécuter le mouvement de rotation dont il s'agit : c'eft pour cette raifon qu'on fait la longueur du jas égale à toute la longueur de l'ancre, environ un tiers plus longue que l'ouverture des bras; & il me paroît évident que fi on augmentoit la longueur du jas, ou fi on diminuoit la longueur des bras, le mouvement de rotation s'exécuteroit avec encore plus de facilité : de plus, le mouvement de rotation s'exécutera d'autant plus aifément, que la partie *B* de la verge qui doit defcendre, fera plus pefante; & elle eft effectivement rendûe très-pefante par le poids du cable, qui étant couché fur le terrein (*fig.* 8), comme on le voit en *I*, agit pour faire abaiffer le point *B* de la croifée, non feulement par fon poids, mais encore par fa direction, auffi-tôt que le jas eft un peu forti de la perpendiculaire. Suppofons, pour fimplifier l'hypothefe, que par l'augmentation de la pefanteur du bout du cable *BI*, le centre de gravité fe trouve en *L* (*fig.* 8 & 9), milieu de la longueur de la verge, il me paroît qu'on peut prendre une idée de la force que le bout *B* de la verge aura pour vaincre la réfiftance que le bout *A* oppofe à fa defcente, en faifant (*fig.* 10) *AL*, égal à la demi-longueur du jas, & *BL* égal à la longueur d'un des bras de l'ancre; d'où il fuit que plus *AL* fera long & *BL* court, plus la croifée de l'ancre aura de facilité à fe mettre dans la perpendiculaire, & plus elle aura de peine à en fortir, quand elle s'y fera une fois placée, comme elle l'eft (*figure* 9). Affûrément, fi la croifée étant dans une pofition horizontale, & par conféquent le jas dans une perpendiculaire, l'ancre étant placée fur un plan dur & fort uni, on la tiroit fuivant *BM* (*fig.* 8), prolongée de la verge *AB*, il eft certain qu'elle ne changeroit pas de pofition. Mais ce qui aide beaucoup à exécuter ce mouvement de rotation, ce font les mouvements du vaiffeau & l'inégalité du terrein; car pour peu que le cable tire obliquement le bout *B* de la verge (*fig.* 8), il fait perdre au jas fa pofition verticale, & lui aide à prendre une pofition horizontale, quelque réfiftance que faffent les bras.

Quand j'ai dit que l'extrêmité du cable qui tient à l'ancre étoit prefque toujours couchée fur le fond de la mer, je ne crois pas avoir rien avancé témérairement : car un cable tombe de lui-même au fond de l'eau, & on ne mouille gueres, avec un feul cable qui a 120 braffes de longueur, qu'à la profondeur de 30 braffes. Quand on mouille à 40 ou 50 braffes, on met deux cables l'un au bout de l'autre, fur-tout quand il eft important de compter fur la tenue de l'ancre. Suppofons qu'on mouille avec un cable de 120 braffes, le fond de la mer étant à 30 braffes; comme le cable ne tombe pas perpendiculaire-

bras, les deux pattes & l'organeau ; & toutes ces parties étant forgées, on les assemble : c'est l'ordre du travail, & celui que nous allons suivre.

---

ment au fond de la mer, mais qu'il décrit à peu près la diagonale d'un parallélogramme, dont je suppose le grand côté de 60 brasses, double du petit qui a 30 brasses, il y aura environ 50 brasses qui traîneront sur le fond de la mer, & cette portion du cable tendra, par son poids & sa direction, à coucher le jas sur le terrein.

Quand on mouille, il faut que le vaisseau ait du sillage ; mais il est important qu'il n'aille pas avec trop de vitesse. Pour cela on cargue les voiles, on fournit du cable au vaisseau qui file, afin que l'ancre soit tirée, mais qu'elle ne reçoive point de secousse vive qui pourroit la faire rompre ou du moins la faire déraper.

Voyons maintenant comment se comporte l'ancre au fond de la mer, dans le moment qu'elle l'a atteint, & nous la supposons, pour les raisons que nous avons rapportées, dans la situation la plus avantageuse, savoir, que le jas soit couché sur le terrein, & la croisée perpendiculaire. Il n'arrive pas toujours que la patte prenne assez fortement dans le terrein pour arrêter le vaisseau ; elle laboure le fond de la mer, en obéissant au mouvement du vaisseau. Il peut bien se faire dans ce temps que le jas prenne une position perpendiculaire, & j'apperçois une cause qui peut produire cet effet : c'est l'effort que fait le cable pour se détordre ; car on remarque que l'ancre a peine à mordre, & qu'elle court plus risque de déraper quand le cable est neuf, & quand il a été commis par un Cordier qui met beaucoup de tord sur le cable, que quand il est vieux & peu tord. Mais cette cause qui change la situation avantageuse de l'ancre, agit un instant après pour la remettre dans la situation qu'on desire. Ainsi, comme elle agit successivement pour ou contre, nous pouvons n'y avoir aucun égard, & il nous suffira de faire appercevoir que l'ancre a plus de disposition à rester, le jas parallele à l'horizon, que dans une situation contraire.

J'ai déja rapporté plusieurs causes qui doivent engager le jas à se coucher sur le terrein ; je vais essayer de faire voir que les mêmes causes subsistent quand l'ancre obéit encore aux mouvements du vaisseau. D'abord, si la marche du vaisseau est douce & uniforme, comme le cable porte dans une grande longueur sur le terrein, le jas est retenu dans une situation horizontale par le poids du cable. Mais supposons que par une secousse vive, le cable entre en tension dans toute sa longueur, & qu'il souleve la verge du côté du jas ; alors la croisée s'inclinera vers la droite ou vers la gauche, & elle tendra à se mettre parallélement au terrein. Mais le jas s'inclinera aussi du même côté, un de ces bouts portera bien-tôt sur le terrein ; & pour peu qu'il se rencontre d'inégalités, il en résultera une secousse qui relevera cette partie du jas, & remettra la croisée dans la perpendiculaire qu'elle tendoit à perdre ; d'autant que comme elle s'en sera peu écartée, il faudra peu de force pour lui faire reprendre sa premiere situation.

Supposons donc que la croisée reste perpendiculaire, & voyons comment la patte entrera dans le terrein. Il est évident, que si l'extrémité du cable est couchée sur le terrein comme *A B* (*fig. 9*), l'ancre étant tirée, le jas s'appuyera sur le terrein, & la patte *D* tendra à entrer suivant la tangente *D O*, à quoi contribuera beaucoup le grand poids de l'ancre : mais il en seroit tout autrement, si ayant filé trop peu de cable, le jas étoit soutenu en l'air, & si l'ancre étoit tirée suivant la direction qu'auroit alors la verge. Il est sensible que la patte pourroit tout au plus labourer le fond ; mais de plus la croisée perdroit bientôt sa situation perpendiculaire, comme il a été dit plus haut. Ainsi, il est avantageux de filer beaucoup de cable, pour faire mordre l'ancre, & on fait quelquefois très-bien de charger l'organeau avec des boulets ramés ; mais nous allons tâcher de faire connoître que la forme des bras contribue beaucoup à faire mordre les ancres.

J'avertis d'abord, que pour simplifier la question que je me propose d'examiner, je suppose toujours, comme cela doit être, qu'on a filé une assez grande longueur de cable, pour que l'extrémité qui tient à l'organeau porte sur le terrein, & contribue à y appuyer le jas ; sans quoi, comme nous l'avons dit, la croisée seroit bientôt couchée sur le terrein. Si l'ancre étoit formée comme un *T* (*fig. 11*), & si les bras étant en ligne droite, la verge tomboit perpendiculairement sur leur milieu, il est évident, que quoique le jas déterminât une des pattes à porter sur le terrein, elle n'y entreroit que par son poids, & quand le vaisseau feroit avancer l'ancre, elle ne feroit que labourer le fond sans presque y entrer. On apperçoit même que la pression du terrein tendroit à soulever l'ancre ; si au contraire, les pattes étoient fort approchées de la verge, comme sont à peu-près les ancres des Chinois (*fig. 12*) ; comme les pattes tendroient à entrer dans le terrein par une ligne peu différente d'une parallele à la surface du terrein, elles ne trouveroient devant elles qu'une petite épaisseur de terre que le moindre effort auroit bientôt soulevée. Voilà deux extrêmes entre lesquels se doit trouver une moyenne, qui sera l'angle le plus avantageux que les bras doivent faire avec la verge. Je crois appercevoir que cet angle devroit être moindre de 45 degrés s'il ne s'agissoit que de faire mordre l'ancre, ou de lui procurer la plus grande disposition à entrer dans le terrein ; mais il n'en résulteroit pas la figure la plus avantageuse pour résister aux efforts du vaisseau qui tend à chasser sur son ancre. C'est ce qu'il faut examiner.

ARTICLE II.

De la figure la plus propre, pour que l'Ancre tienne ferme, & qu'elle empéche le Vaisseau de chasser.

On peut poser comme un principe évident, en supposant l'ancre engagée dans le terrein, que plus le plan de la patte approchera d'être perpendiculaire à la surface du terrein qui forme le fond de la mer, plus elle y tiendra ferme

·Si l'on a quelque connoiſſance de la façon d'affiner & de forger le fer, on appercevra de reſte qu'une maſſe, telle que la verge, ou même le bras d'une

(*fig.* 13); car d'abord la patte dans cette ·diſpoſition rencontrera plus de matiere, qui réſiſtera davantage ſous un angle plus approchant d'un droit que ſous un plus petit; & encore, parce que chaque particule du terrein où l'ancre eſt enfoncée, réſiſtera davantage ſous l'angle droit que ſous tout autre. D'où il réſulte, que comme il faut ſatisfaire aux deux conditions d'entrer dans le terrein, & d'y tenir ferme, il faut que les bras faſſent un angle plus ouvert que 45 degrés, & plus fermé que le droit. Mais comme l'ancre ne ſeroit pas dans le cas de réſiſter ſi elle n'entroit pas d'abord dans le terrein, on doit avoir pour point de vue cette propriété préférablement à l'autre, ſans néanmoins la perdre de vue. C'eſt à quoi on pourroit ſatisfaire, en rendant les bras des ancres plus courbes que dans la figure 13, & faiſant cette courbure en anſe de panier; car par ce moyen, la patte ſe préſentant au terrein, ſuivant un angle moindre que de 45 degrés, elle tendra à y entrer ſuivant la tangente (*D O, fig.* 9), & le reſte du bras formant un angle plus ouvert ou plus approchant de la perpendiculaire au terrein, cette partie ſera dans le cas de tenir très-ferme; néanmoins on trouvera dans la ſuite des raiſons qui pourront engager à faire le bras des ancres en portion de cercle.

La peſanteur des ancres contribue à leur fermeté, ainſi que la longueur du cable, non ſeulement parce qu'une partie de la longueur du cable étant couchée ſur le fond de la mer, il en réſulte les avantages dont nous avons parlé pour tenir le jas couché ſur le terrein; mais auſſi d'abord, parce que le poids du cable qui traîne au fond de la mer, forme une réſiſtance qui ſoulage l'ancre d'une partie des ſecouſſes du vaiſſeau: car comme elles s'exercent à ſoulever une portion du cable qui porte ſur le fond, il en réſulte l'effet d'un reſſort qui ſoulage beaucoup l'ancre. D'ailleurs ce reſſort eſt encore augmenté par celui du cable même, qui n'étant point un corps abſolument roide, prête & s'allonge un peu pour revenir enſuite ſur lui-même. Toutes ces raiſons font ſentir combien il eſt avantageux de filer beaucoup de cable, comme font les Capitaines expérimentés, lorſque la mer eſt fort groſſe.

Dans les fonds de vaſe molle, qui n'offrent point aſſez de réſiſtance à la patte des ancres, & qu'on nomme *de mauvaiſe tenue*, on a quelquefois augmenté la ſurface des pattes par des planches qu'on y ajuſtoit, ce qu'on appelle *brider l'ancre*. Mais plus communément on attache une ſeconde ancre à la croiſée de celle qu'on va mouiller; & ainſi on mouille deux ancres à la ſuite l'une de l'autre, ce qu'on nomme *empenneller* (*fig.* 14).

Si on n'avoit pour objet que d'augmenter la ſtabilité des ancres dans les fonds de vaſe, ſans les rendre plus peſantes, il faudroit faire les bras minces & fort larges, ou prolonger les pattes juſqu'au collet, parce que cette grande ſurface répondant à une grande maſſe de terre, elle la diviſeroit difficilement; mais on perdroit beaucoup ſur la force des ancres, comme on le verra dans l'article ſuivant. C'eſt pourquoi on ſe

contente de faire les pattes fort larges; & comme les grands efforts que ſouffrent les ancres, ſont toujours ſuivant un plan perpendiculaire aux bras, on a augmenté leur force en les applatiſſant un peu ſur les deux faces parallèles aux bras, de ſorte que la coupe de la verge & des bras, au lieu d'être un cercle, repréſente deux lignes parallèles jointes par deux lignes courbes (*fig.* 5).

ARTICLE III.
Des précautions qu'il faut prendre, pour que l'Ancre ne rompe pas.

Toutes les précautions qu'on prend pour empêcher que l'ancre ne dérape, tendent à empêcher que les ſecouſſes du vaiſſeau n'agiſſent fortement ſur elle; & ainſi elles ſervent à la ménager; ou à empêcher qu'elle ne reçoive des efforts capables de la rompre. Ces précautions conſiſtent à empenneller les ancres, à les charger de boulets ramés du côté du jas ou de l'organeau, à filer beaucoup de cable, & à faire enſorte, ſoit en fourniſſant du cable lorſqu'on mouille, ſoit en carguant les voiles, que le vaiſſeau n'imprime pas une ſecouſſe vive à l'ancre, lorſqu'elle commence à s'oppoſer à ſon mouvement; mais il y a d'autres conſidérations qui méritent quelque attention.

1°. Nous avons dit que pour augmenter la fermeté des ancres dans le terrein, il faudroit donner beaucoup de largeur aux bras, en augmentant la largeur des pattes. Mais ſi pour ne point augmenter leur poids, on diminuoit proportionnellement de leur épaiſſeur, elles ſe romproient aiſément ou elles ployeroient. Si on ne cherchoit qu'à augmenter leur force, il faudroit au contraire donner beaucoup d'épaiſſeur & peu de largeur aux bras: alors les ancres ne romproient pas; mais elles couperoient le terrein, & elles réſiſteroient peu. C'eſt pour éviter de tomber dans ces deux inconvéniens oppoſés, qu'on fait les bras plus épais que larges auprès de la croiſée à la partie qu'on appelle *le rond du bras*, où nous ferons voir qu'elles fatiguent plus qu'ailleurs, & on augmente beaucoup leur largeur au bout des bras par les pattes qui ont peu d'épaiſſeur.

2°. Il eſt bien naturel de proportionner la force des ancres à la grandeur des Bâtiments, puiſqu'un gros Vaiſſeau fait plus d'effort pour chaſſer ſur ſon ancre qu'une Frégate. Cette proportion de la force des ancres avec la grandeur des Bâtiments, eſt ordinairement établie ſur la plus grande largeur du Vaiſſeau, ou ſur la longueur de ſon maître bau, de ſorte que communément la plus groſſe ancre, celle de réſerve, a les deux cinquiemes de la longueur du bau. Ainſi cette ancre, pour un vaiſſeau de 50 pieds de bau, auroit 20 pieds de longueur. On s'écarte quelquefois de cette regle; car ſouvent on proportionne les ancres à la grandeur des vaiſſeaux par leur poids. En ce cas on fait enſorte que l'ancre peſe la moitié du poids de ſon cable: une ancre de bord de ſeize pieds, qui étoit deſtinée pour un vaiſſeau du premier rang peſoit 7268 livres. Les autres ancres qu'on nomme *d'affourche* & *à touer*, ſont plus

groſſe

groffe ancre, ne fauroient être faites d'une feule piece; qu'on ne peut les compofer qu'en foudant enfemble & en façonnant diverfes maffes de fer.

---

légeres, fuivant des regles que fe font les Maîtres d'équipage; & pour fatisfaire au fervice des Ports, on fabrique des ancres du poids de 7000 livres jufqu'à 100 livres.

3°. Il faut proportionner la groffeur des différentes parties des ancres aux efforts qu'elles ont à fupporter : & comme on doit avoir égard à la force du levier, il faut que la verge augmente de groffeur à mefure qu'elle approche de la croifée, & que l'épaiffeur des bras augmente de même en approchant de cette partie; car il eft évident qu'un barreau engagé par un de fes bouts dans une muraille (*fig.* 15), & chargé à l'autre bout d'un poids, ne reçoit au point 1, que l'effort du poids; mais le point 2 eft chargé de ce poids appliqué au levier 1, 2 : le point 3 eft chargé de ce poids appliqué au levier 1, 3 : & enfin le point 5 eft chargé du même poids appliqué au levier 1, 5. Si donc on veut que ce barreau réfifte dans toute fa longueur proportionnellement aux efforts qu'il a à fupporter, il faudra le faire plus épais du côté de 5 que de 1. Et c'eft pour cette raifon qu'on augmente la force de la verge, & des bras auprès de la croifée : car on apperçoit clairement, que fi on faifoit toutes les parties également épaiffes, il s'enfuivroit, ou qu'il y auroit trop peu de fer auprès de la croifée, ou qu'il y en auroit trop auprès de la culaffe; il y a encore une raifon de conftruction qui concourt à obliger de fortifier la croifée, c'eft que les bras étant réunis à la croifée par des foudures, il peut y avoir en cet endroit plus de défauts qu'ailleurs, & c'eft pour cette raifon qu'on fortifie les aiffelles.

4°. La circonftance où les ancres reçoivent le plus d'effort, & où elles courent plus de rifque de fe rompre, eft au défancrage, quand on fait des efforts énormes pour les faire fortir du terrein, ou pour les faire déraper, en un mot, quand on veut lever l'ancre. Pour y parvenir, on tire le cable dans le vaiffeau, au moyen du grand cabeftan; & le vaiffeau avance vers l'ancre, jufqu'à ce qu'il ait gagné l'à-plomb de l'ancre, ou qu'il foit, comme l'on dit, à pic fur l'ancre. Il eft évident que quand le vaiffeau eft rendu à pic (*fig.* 16.), tout l'effort qu'on fait fur le cable agit pour élever l'organeau qui décrit une courbe, jufqu'à ce que la verge foit rendue dans une fituation verticale : dans ce cas, la longueur de la verge fournit un levier qui concourt avec l'effort du cabeftan, pour faire fortir du terrein la patte qui y étoit engagée. Ainfi la verge & le bras peuvent être regardés comme un levier recourbé qui trouve fon point d'appui à la croifée : & plus la verge fera longue, plus elle aura de puiffance pour dégager la patte. Lorfque le terrein n'eft point trop dur, les bonnes ancres réfiftent à ces efforts; mais quand le bras de l'ancre eft engagé entre deux rochers (*fig.* 17), l'effort du cabeftan ne fuffifant pas pour le dégager, on l'augmente par des *caliornes*; ou bien ayant employé toutes les forces poffibles pour roidir le cable, on attend qu'une lame ou la marée venant à élever le vaiffeau, faffe un violent effort. C'eft alors que la verge & le bras qui eft engagé entre deux rochers, fatiguent prodigieufement; & il faut que le rocher ou la

verge, ou le bras, ou le cable rompe; car on apperçoit fenfiblement que la direction de la force immenfe qu'on applique au cable, ne tend point à dégager la patte : c'eft pourquoi il arrive fouvent qu'on réuffit mieux en employant une force beaucoup moindre qui agit dans une direction plus convenable. C'eft ce qu'on fait en envoyant une chaloupe tirer fur l'*orain A*, ce qu'on appelle *lever l'ancre par les cheveux*; car par cette manœuvre on dégage la patte de l'ancre d'entre les rochers, en la faifant fortir par le même endroit par lequel elle s'y étoit engagée : & pour y mieux réuffir, il eft bon de mollir un peu fur le cable, afin de diminuer le frottement de la patte entre les rochers.

Il eft à propos en terminant cette longue note, de réfumer ce que nous avons dit fur la forme des ancres, & fur les proportions que doivent avoir leurs différentes parties. On peut conclure des raifonnements que nous venons de faire, en confidérant l'ancre avant qu'elle ait mordu dans le terrein, lorfqu'elle y mord, quand elle réfifte aux efforts du vaiffeau & lorfqu'on la leve : on peut, dis-je, conclure de nos raifonnements, que rien n'eft plus difficile que de fixer avec exactitude les proportions qu'on doit donner aux ancres; des expériences confufes & peu exactes ont conduit peu-à-peu à donner aux ancres une certaine figure, que je ne crois pas fort éloignée de la plus avantageufe, quoiqu'elle n'ait rien de fort précis.

On voit en général : 1°, Que la verge d'une ancre doit être affez longue par rapport aux bras, pour qu'étant mouillée, la patte morde dans le terrein. A la vérité, la longueur de la verge paroît devoir varier fuivant la courbure & la longueur des bras; néanmoins la longueur de la verge eft avantageufe pour placer le jas parallélement au terrein; mais une verge fort longue devient trèsfoible, par rapport au poids de l'ancre qu'on ne peut augmenter à fon gré, puifqu'il faut le proportionner à la force de l'équipage.

2°. Il eft bien prouvé qu'à caufe de la force du levier, la verge doit être plus forte du côté de la croifée que du côté de la culaffe, & que les bras doivent être plus forts du côté de l'encolure que vers les pattes, non-feulement parce que les efforts qui agiffent fur la croifée, & qui pourroient la rompre, agiffent avec plus de puiffance fur le milieu que vers les extrémités, mais encore, parce que donnant ainfi aux bras la forme d'un coin, ils doivent entrer plus aifément dans le terrein. Mais ces proportions ne font pas toujours bien obfervées, puifqu'on voit affez fouvent les ancres rompre par la verge, à deux ou trois pieds de la culaffe, & par les bras au milieu de leur rond ou à l'encolure. Peut-être néanmoins ces ruptures viennent-elles plutôt des défauts de la fabrique, que du manque d'épaiffeur du métal aux parties qui rompent.

3°. Il eft clair qu'on rendroit les bras plus forts, en augmentant leur épaiffeur & en diminuant proportionnellement l'étendue des pattes; il eft également évident qu'il faudroit faire tout le contraire pour augmenter la ténacité des ancres

On a suivi différentes pratiques sur la maniere de préparer les pieces ou masses de fer dont on forme chaque partie des ancres. Ces pratiques peuvent se réduire à trois : à les faire de *loupes*, à les faire de *mises*, & à les faire de *barres*.

dans le terrein : il faut donc prendre un milieu, & il est probable que celui qu'on suit, n'est pas éloigné du vrai.

4°. Plus les bras sont ouverts, plus ils tiennent dans le terrein quand l'ancre a mordu ; mais pour que l'ancre morde, il convient que les bras soient fermés ; il faut donc encore ici observer un milieu. En faisant les bras de deux portions de cercle ou en anse de panier, ensorte que le quarré des bras soit plus fermé que le rond, il semble que l'ancre doit d'abord mordre, & ensuite tenir ferme par la nature de l'arc plus surbaissé que le rond ; mais aussi un simple arc de cercle a cet avantage, qu'à mesure que l'ancre entre dans le terrein, le chemin des parties qui entrent, est frayé par les parties qui sont déja entrées sans avoir de sable ou de vase à déplacer, que relativement à l'augmentation de grosseur de la verge.

5°. Plus l'ancre est pesante du côté de la croisée, plus elle a de disposition à entrer dans le terrein, quand les bras sont placés perpendiculairement ; mais la pesanteur de l'ancre du côté du jas est très-favorable à faire prendre aux bras cette position perpendiculaire, & la leur faire conserver.

6°. La longueur & le poids du jas sont des conditions avantageuses pour le faire placer parallélement au terrein ; mais il y auroit de l'inconvénient à beaucoup augmenter & le poids & la longueur du jas qui est déja assez embarrassant. Les Chinois font leur jas de fer, puisque c'est une broche *A B*, qui est soudée à la verge (*fig.* 18) ; mais en le faisant court, & le mettant presque au milieu de la verge, ils perdent une partie considérable des avantages qu'ils pourroient se procurer par la pesanteur de leur jas de fer.

7°. Plus les bras seront courts relativement à la longueur du jas, plus l'ancre aura de facilité à se mettre dans une position avantageuse pour mordre ; mais aussi il faut que les bras aient une certaine longueur pour entrer dans le terrein, & y tenir ferme, sur-tout dans les fonds de vase & de mauvaise tenue.

Voilà bien des extrêmes qui exigent de prendre des milieux, & qui laissent beaucoup d'incertitudes : néanmoins chaque nation, & même chaque port, a adopté des proportions qui leur sont devenues favorites sans savoir pourquoi. Après nos réflexions, il ne paroîtra pas singulier de voir qu'une ancre d'un certain poids, fabriquée dans une forge, ait une forme différente d'une autre ancre de même poids faite dans une autre forge ; mais ce qui peut surprendre, c'est de voir que, quoique la force & la bonté d'une ancre consiste dans sa figure, la matiere étant toujours supposée bonne, chaque Ancrier condamne décisivement les ancres qui ont une autre forme que celle qu'il a adoptée. Les causes d'incertitude sont sensibles ; mais l'affection pour une forme sur une autre qui en differe peu, résulte de l'ignorance de celui qui s'en déclare obstinément le partisan. Heureusement l'expérience fait voir que les ancres de différente forme ne laissent pas de servir

& de résister à la mer, ce qui fait juger que si elles ne sont pas rigoureusement de la figure la plus avantageuse, les unes & les autres en approchent d'assez près ; & il paroît que le point le plus important, pour avoir de bonnes ancres, est de choisir de bonne matiere & de la bien mettre en œuvre.

On s'est beaucoup fatigué sans y avoir réussi, à faire cadrer le poids des ancres avec des dimensions données ; mais comme dans les grandes masses de fer, il n'est gueres possible que les molécules métalliques soient également rapprochées les unes des autres, il en a résulté, que des ancres faites aussi exactement qu'il étoit possible sur de pareilles dimensions, avoient des pesanteurs très-différentes, ensorte que les unes ne pesoient que 1900 livres, pendant que d'autres pesoient plus de 2500 livres. On doit conclure de ces épreuves, qu'on ne doit pas exiger d'un habile Ancrier de livrer des ancres qui soient exactement du poids & des dimensions qu'on demande ; & je pense qu'il faut exiger de l'exactitude dans les dimensions, & estimer beaucoup les ancres, qui, sans sortir des dimensions données, seront d'un plus grand poids.

Nous nous contenterons d'ajouter, à ce que M. de Réaumur a dit sur les différentes formes qu'on a données aux ancres, 1°, qu'on fait des ancres à un seul bras (*fig* 19), pour les ancres d'amarrage ou à demeure, qui sont toujours fixées en un même lieu à terre, pour amarrer ou tirer les vaisseaux, en un mot, pour servir de point d'appui ou de corps mort. Mais ces ancres à une patte & sans jas, ne valent rien à la mer, pour les raisons qu'en donne M. de Réaumur. 2°, On ne fait plus gueres, ni pour les galeres, ni pour les chaloupes, d'ancres à trois bras (*fig.* 20), tous les grapins, même ceux pour les abordages, ont quatre bras (*fig* 21), & je crois qu'on a raison ; car une patte d'ancre n'est jamais plus disposée à mordre dans le terrein que quand elle lui est plus perpendiculaire, & il est sensible que les grapins à quatre bras qui n'ont point de jas, ont leurs bras plus approchants d'être perpendiculaires, que les grapins qui n'avoient que trois bras ; & ce raisonnement prouve encore qu'on a raison de ne mettre que deux bras aux grosses ancres.

Nous ne parlerons point de certains grapins qui ont quatre bras sur un même plan (*fig.* 22), qu'on attache au bout des vergues lorsqu'on se dispose à attacher un brûlot, pour que les pattes s'engagent dans les haubans de l'ennemi. Ce sont des especes de crocs, & de petites pieces de forge, qui ne font point partie de l'objet qui nous occupe. Mais un article des plus importants pour que les ancres ne rompent point, est de les faire avec de bon fer & de les bien forger. C'est ce point qui forme véritablement l'art de faire les ancres ; c'est celui qui fait la partie principale de ce Mémoire ; c'est aussi l'objet qui a principalement fixé l'attention de M. de Réaumur.

On a toujours fait dans les Ports du Royaume des ancres de barres ; mais comme leur façon étoit dispendieuse, & qu'on avoit peine à y en fabriquer assez pour fournir à de grands armements, pendant que M. de Seignelay avoit le Département de la Marine, il établit une Manufacture d'ancres dans le Nivernois : on les y fit d'abord de loupes.

On soudoit ensemble autant de loupes que le demandoient la longueur & la grosseur de la piece. A mesure qu'on soudoit une loupe à une autre loupe, en les présentant sous le gros marteau, on leur faisoit prendre une figure convenable. De toutes les manieres de faire les ancres, c'est celle qui coûte le moins, & celle aussi qui donne le plus mauvais ouvrage. Il importe extrêmement que le fer des ancres soit doux, qu'il ne soit pas cassant ; mais il n'acquiert de souplesse qu'à mesure qu'on le dépouille de son *laitier*, & qu'on lui forme des *chairs*, ou, ce qui est la même chose, à mesure qu'on lui forme des parties fibreuses & feuilletées. Les loupes n'avoient pas été assez forgées pour avoir été dépouillées de leur laitier superflu, & elles n'avoient pas acquis assez de longueur, pour que leurs parties se fussent disposées en fibres & en feuillets.

Le mauvais succès des ces ancres qui cassoient presque aussi aisément que de la fonte, fit abandonner cette méthode, & il est à souhaiter que ce soit pour n'y jamais revenir. ( ).

(¹) Il ne conviendroit pas d'exposer ici en détail les premieres préparations du fer : c'est un Art qui mérite bien de faire un Traité particulier ; mais nous nous croyons obligés de présenter ici fort en abrégé ces mêmes objets, parce qu'ils sont importants pour l'intelligence du texte de M. de Réaumur : on y parle de *gueuse*, *de fonte de fer*, *de loupe*, *de fer affiné*, *de fer en barre* ; le lecteur nous saura gré de le dispenser d'aller chercher ailleurs l'explication de ces termes.

Les mines de fer, telles qu'on les tire de la terre, sont composées de parties régulines ou ferrugineuses, de parties terreuses & de parties sulfureuses ou salines. On fond cette mine dans de grands fourneaux (*Pl. II, fig.* 1) en la mêlant avec une pierre calquaire qu'on nomme *castine*, & du charbon de bois. La mine, en fondant, se décompose en deux fluides de différente pesanteur. Le fluide le plus léger qui nage sur l'autre est une espece de verre qu'on nomme *Laitier, A :* le plus pesant est le métal *B.* Le métal fondu coule au sortir du fourneau dans un moule, & se forme en prisme à base triangulaire, quelquefois de 15 pieds de longueur sur un pied de côté ; cette fonte ainsi moulée se nomme *une gueuse* (*fig.* 2).

La fonte de fer est un métal encore fort imparfait, & mêlé de parties étrangeres ; on ne le peut travailler sous le marteau ni à chaud ni à froid ; il n'a point cette ductilité qui fait le caractere des métaux.

Il y a de ces fontes plus ou moins grises & plus ou moins blanches. La fonte est rendue grise par des parties terreuses qui sont interposées entre les grains métalliques ; ce qui diminuant l'adhérence des parties métalliques, il en résulte que le foret & la lime mordent dessus, & en emportent de petits grains semblables, en quelque façon, à du grais ou à des parcelles d'un pot de terre cuite ; mais on n'en peut point détacher de copeaux ou de lamines.

On peut affiner cette fonte ou en la refondant, ou par le marteau : on la rend fort blanche en la tenant long-temps en fusion, ou en la fondant plusieurs fois. Dans ces opérations il se porte à la surface un peu de crasse & du laitier qu'on doit ôter : cette fonte blanche ainsi affinée, au lieu de paroître composée de grains comme la fonte grise, semble être un assemblage de feuillets talqueux ; elle contient plus de parties métalliques, que la fonte grise ; mais elle est si dure, que ni le foret ni le burin ne peuvent mordre dessus ; & elle donne encore moins de marque de ductilité que la fonte grise ; elle casse comme du verre, sur-tout quand par un refroidissement subit, elle a acquis une sorte de trempe ; car cette matiere surchargée de phlogistique est en quelque façon trop acier.

On conçoit par ce que nous venons de dire, que des ancres faites de fer fondu ne vaudroient absolument rien : on dit que les Espagnols en ont au Pérou qui sont faites avec du cuivre fondu ou du bronze. Cette fonte est capable de résister ; mais je ne sache pas qu'on en ait jamais fait avec de la fonte de fer.

Au lieu de rafiner la fonte de gueuse par des fontes réitérées, pour la rendre blanche, comme on est persuadé qu'elle n'en seroit que

On chercha à fubftituer aux loupes de meilleur fer, & on commença à
compofer des ancres de *mifes*, c'eft-à-dire, faites de plufieurs pieces de fer
forgées quarrément & enfuite en coin. Au lieu d'employer les loupes ron-
des, telles qu'elles font au fortir de l'affinerie, on les *cingloit* fous le gros
marteau ; on en formoit un parellélipipede (*Pl. III. Fig.* 3 *&* 4) qui avoit
plus de longueur que de largeur & d'épaiffeur ; on faifoit chauffer une feconde fois ce parallélipipede ; on le forgeoit enfuite de nouveau, mais de façon que les deux faces égales & oppofées qui étoient auparavant les plus
grandes, devenoient les plus petites. On *amorçoit* enfuite chacun de ces pa-
rallélipipedes, c'eft-à-dire, qu'on en formoit des coins, & enfin on les
foudoit enfemble pour compofer les différentes parties de l'ancre. C'eft ce
qu'on appelloit des ancres faites de mifes *fucées* & refoulées.

A la vérité cette méthode valoit mieux que la précédente : des deux chofes
effentielles pour rendre le fer doux, on en faifoit une, on lui enlevoit fon
laitier ; mais ce fer n'avoit point encore de fibres. Celles qui avoient été

---

plus caffante, on la rafine fous le marteau, comme nous allons l'expliquer. La gueufe *A* (*fig.* 2)
eft portée au feu (*fig.* 3), où on la chauffe avec
du charbon de bois. Ce bout très-amolli & prefque fondant fe détache du refte en parcelles qui
tombent dans ce qu'on appelle l'*Affinerie B*. L'Affineur raffemble ces parties avec un barreau *C*,
& en forme une maffe d'environ un pied de diametre : c'eft ce qu'on nomme *une loupe* (*fig.* 4).
Il eft bon de remarquer que les fontes font d'autant plus aifées à fondre, qu'elles contiennent
plus de laitier & de phlogiftique, de forte que
toutes les fontes entrent bien plus aifément en fu-
fion que le fer forgé. On faifit cette maffe avec
une groffe pince (*fig.* 7), & on la porte fur une
enclume, où un Ouvrier, avec un marteau à bras,
raffemble davantage les parties, & comme l'on
dit, il raffermit la loupe, qui, en cet état, reffemble à une éponge (*fig.* 4), & eft compofée de
parties hétérogenes ; car entre les molécules de
fer eft interpofée une fubftance bouillante & cou-
lante, qui eft du laitier qui n'a pas été féparé à la
premiere fonte, & qui empêche que les parties métalliques ne fe touchent immédiatement.

On porte cette loupe raffermie fous un gros
marteau (*fig.* 5), mû par l'eau, & qui pefe environ 8 ou 900 liv. Ce gros marteau comprime
tellement la loupe, que le laitier fondant fort de
tous les pores ; & la loupe (*fig.* 6) devient d'autant plus homogene, qu'elle eft plus déchargée de
fon laitier ; c'eft du fer, mais du fer imparfait,
non-feulement parce qu'il n'eft pas encore entiérement privé de fon laitier, mais encore parce
que les parties métalliques ne font pas auffi exactement unies les unes aux autres qu'elles doivent
l'être. La maffe de fer n'eft pas auffi compacte
qu'elle peut le devenir : c'eft néanmoins en cet
état qu'ou l'employoit pour faire les ancres de
loupe, comme nous l'expliquerons dans un inf-
tant.

Pour donner à ce fer, toute la qualité dont il
eft fufceptible, il faut le chauffer à différentes
reprifes, & le forger. Mais ce n'eft pas tout, au
lieu de fe contenter de le paîtrir en le frappant
de tous les fens, à peu près comme les Boulan-
gers font leur pâte, il convient de battre le fer
toujours dans un même fens, pour que les molécules de fer s'applatiffent, pour qu'elles s'appliquent plus exactement les unes fur les autres :
c'eft le moyen de faire prendre au fer de la chair
ou du fil, comme difent les Ouvriers, c'eft-à-
dire, qu'il foit doux & pliant ; or rien n'eft plus
propre à lui donner cette propriété que de le tirer
en barre. Pour cela ayant chauffé la loupe, on la
porte fur l'enclume (*fig.* 8), & la pofant toujours
du même fens fur le travers de l'enclume, le gros
marteau ferre, les unes contre les autres, les
molécules métalliques, qui de courtes qu'elles
étoient, deviennent longues & fibreufes, de
forte qu'elles s'engagent les unes dans les autres ;
il ne refte entr'elles que très-peu de laitier, alors
le fer ne fe caffe qu'avec beaucoup de difficulté ;
au lieu de fe rompre net, comme faifoit la fonte
ou le fer de loupe, il fe déchire comme du bois
verd. Cette qualité qui caractérife les bons fers,
eft fur-tout propre aux fers de Berry bien ouvrés
dans l'affinerie. Nous parlerons dans la fuite du
bon ufage qu'on peut faire de ce fer étiré en barres, pour en fabriquer de bonnes ancres ; mais
il faut auparavant faire remarquer le défaut des
ancres qu'on faifoit autrefois de loupes. Quoique
cette pratique ait été abandonnée, il eft bon
qu'on fache les raifons qui ont engagé à la prof-
crire ; ne fût-ce que pour détourner d'y revenir
dans la fuite.

On prenoit autrefois des loupes (*fig.* 7),
qu'on foudoit enfemble (*Pl. III*, *fig.* 1 *&* 2),
pour en former les ancres, comme nous l'expliquerons en parlant des mifes. Ce travail étoit
prompt, & coûtoit peu ; mais il arrivoit que le
fer des loupes ayant une partie des défauts de la
fonte, les ancres étoient fort fujettes à rompre :
il auroit prefque autant valu les couler comme les
canons.

commencées.

commencées la premiere fois que les mises avoient été préfentées fous le marteau, étoient détruites la feconde fois qu'on forgeoit les mêmes mifes; aufli ces ancres foutinrent mal les eſſais qu'on en fit à la mer.

M. Trefaguet, qui fut dans la fuite envoyé par M. de Pontchartrain pour veiller à la fabrique des ancres, découvrit le défaut de celles-ci: il préfenta en 1702, un Mémoire à ce Miniſtre, où non content de lui apprendre le mal, il y propofoit un remede, qui étoit une maniere de faire des mifes qui euffent les mêmes qualités que le fer en barre. Il propofa de faire forger, & il fit forger des barres de trois à quatre pieds de long fur un pouce d'épaiffeur & quatre pouces de largeur (*Pl. III. fig. 5*). Il faifoit chauffer ces barres prefque fondantes, & les replioit en deux ou trois endroits (*fig. 6*). Il les faifoit préfenter fous le gros marteau, afin que la partie repliée fe foudât avec le reſte: il donnoit de la forte à fa mife l'épaiffeur qu'il jugeoit à propos (*fig. 7*), & l'amorçoit, ou la formoit en coin à l'ordinaire (*fig. 5*). Ce que cette pratique a d'excellent, c'eſt que chaque fois qu'on forge les mifes de nouveau, on travaille à allonger & applatir leurs fibres ou leurs feuilles dans le même fens. Les derniers coups de marteau ne détruifent point l'ouvrage des premiers, de forte qu'il n'y a pas d'apparence de faire des ancres avec des mifes mieux conditionnées. Cette fabrique a cependant encore un inconvénient; dans un grand nombre de mifes affemblées les unes avec les autres, il peut s'en rencontrer quelques-unes de mal foudées; l'ancre excellente ailleurs, fe caffera dans ces endroits (¹).

(¹) M. de Réaumur a expliqué fort clairement la façon de faire les ancres avec des mifes non étirées. On conçoit, qu'après avoir forgé la mife *A B* (*Planche II, fig.* 10), pour en former un parallélipipede (*fig.* 11), on forge enfuite le parallélipipede dans le fens *CD*, & qu'enfuite on en forme un coin (*fig.* 12); mais il me paroît que la défectuofité de cette mife ne fe réduit pas au feul défaut que lui reproche M. de Réaumur; favoir, que les molécules ferrugineufes ne font point étirées, applaties, &, pour ainfi dire, foudées les unes aux autres, par une compreffion fuffifante. Je crois devoir ajouter aux remarques de M. de Réaumur, qui font excellentes, que ces maffes de fer étant groffes, il n'y a que le laitier de la fuperficie qui puiffe s'échapper; celui du centre de la mife y reſte: il n'en eſt pas de même des barres étirées; comme elles ont peu d'épaiffeur, & comme il faut les remettre bien des fois au feu & fous le marteau, le laitier peut s'échapper. Je me fouviens qu'ayant fait dans un Port une recette de fer aigre, on parvint à le rendre doux en le corroyant; mais il en coûta beaucoup en main-d'œuvre & en charbon. Il eſt vrai que dans ce cas la compreffion des parties métalliques avoit lieu; mais le grand déchet qu'on éprouva, me fait penfer qu'il s'en échappa beaucoup de laitier. Les mifes forgées, étirées & repliées, imaginées par M. Trefaguet, étant faites de barres étirées, ne font point fujet-

ANCRES.

tes à ces inconvénients. De plus, on doit remarquer que l'Affineur peut aifément tromper dans la fabrique des mifes ordinaires; car fi pour gagner du temps & épargner du charbon, il les *ouvre* peu, il n'y a plus moyen de connoître le défaut, fitôt que l'Ouvrier a donné à fes mifes la forme qu'elles doivent avoir; quand il s'agit des mifes de M. Trefaguet, on peut rompre les barres dont elles doivent être faites pour connoître la qualité du fer, & rebuter celui qui eſt aigre. Il n'en eſt pas de même du bloc de fer; comme on ne peut rompre une mife qui a 8 pouces en quarré fur dix d'épaiffeur, il n'eſt guere poffible de connoître la qualité du fer intérieur; auffi arrive-t-il que l'intérieur de ces mifes eſt peu différent du fer de loupe, quoique l'extérieur femble affez bien ouvré. Et il s'enfuit, que ces mifes étant chauffées à fouder, & portées fur une piece d'ancre, la croûte creve, une partie du laitier intérieur fort par les crevaffes, & en cet endroit la piece eſt très-défectueufe, au lieu que les mifes faites de barres qui ont été éprouvées avant que de les fouder, en fouffrent encore une en les pliant & en les foudant. On eſt donc certain que ces mifes qui n'ont point été refoulées fur elles-mêmes, font bien affinées, douces & fibreufes dans toutes leurs parties; mais il faut avouer que ces mifes font fort cheres, car on achete le fer dont elles font faites le prix des barres: des barres ont befoin d'être foudées trois fois après les avoir

D

La troifieme maniere de faire des ancres, c'eft de les faire de barres de fer.
Pendant long-temps on s'eft occupé de ce travail dans les Ports du Royaume;
elles ne s'y fabriquoient qu'à force de bras. La façon en devenoit coûteufe,
& peut-être ne donnoit pas d'auffi bons ouvrages que la qualité de la matiere
qu'on employoit le faifoit efpérer : c'eft fur-tout le prix de la façon de ces
ancres, qui fit fonger à en faire fabriquer dans les forges du Nivernois, avec
les gros marteaux ; mais on ne fongea d'abord qu'à les compofer de loupes,
& enfuite avec des mifes, comme nous l'avons expliqué. On regarda comme
un projet impoffible, de forger des ancres de barres avec ces marteaux d'un
poids fi confidérable : & voici fur quel fondement.

Dans les Ports pour faire avec des barres une des parties de l'ancre, par
exemple, la verge, on coupoit des barres égales, & chacune à peu près de
la longueur de la verge (*Planche III. fig.* 10), & on prenoit autant de ces
barres qu'il en falloit pour qu'elles pefaffent enfemble à peu près ce que la
verge doit pefer. On faifoit un paquet de toutes ces barres de fer ; on lioit ce
paquet avec des bandes de fer (*fig.* 11, 12 *&* 13, & dans la Vignette *fig.* 1):
& enfin on le faifoit chauffer prefque fondant ; & on le frappoit, à force de
bras, à coups de marteaux, pour fouder toutes les barres enfemble. Car on étoit
perfuadé qu'il n'y avoit point de liens qui puffent réfifter aux rudes coups du
marteau des groffes forges ; qu'auffi-tôt qu'ils viendroient à tomber fur le paquet, qu'ils écarteroient les barres de tous côtés & que les liens feroient
brifés.

M. Trefaguet dont nous venons de parler, qui, pendant plufieurs années,
avoit regardé, avec les autres, cette difficulté comme un mal fans remede,
foupçonna dans la fuite qu'elle étoit peut-être moins confidérable qu'on ne
fe l'étoit imaginé. C'eft avoir fait un grand pas pour furmonter les obftacles,
que de ne les plus regarder comme invincibles. Il fe familiarifa avec cette
idée, & vint enfuite à croire qu'on avoit eu tort de fe perfuader qu'on ne
pouvoit faire d'ancres de barres avec les gros marteaux. Malgré tout ce que
les Ouvriers purent lui dire des effais inutiles qu'ils avoient faits, il voulut

---

pliées, & il faut enfuite leur donner la forme
d'un coin ou les amorcer, ce qui triple l'ouvrage : on voit ces trois opérations (*Pl. III. fig.* 5,
6 & 7).

On voit (*Pl. III. fig.* 8), un corps d'ancre
& (*fig.* 9), une mife foudée à un ringard qu'on
préfente fur la verge pour la fouder.

La mife *A* fe foude fur la verge *B*, comme on
le voit (*Pl. II. fig.* 13). Lorfqu'elle eft foudée ou
qu'elle femble l'être, on tourne & retourne la verge fur l'enclume pour l'arrondir ; & le marteau venant à frapper fur la partie *A* de la mife (*fig.* 14),
tandis que la partie *C* de la verge porte fur l'enclume, cette mife doit glifser & fe féparer de la
verge fi elle n'eft pas bien foudée ; au contraire,

fi elle réfifte au coup d'un marteau qui pefe près
d'un millier, & qui tombe de haut, c'eft une
marque que la mife a fait corps avec la verge, au
moins à la partie *A* ; on fera enfuite fubir la même
épreuve à la partie *B*, & fi la mife n'eft pas bien
foudée à cet endroit, au lieu de glifser, il fe fera
une fente *g h*. On voit par ce qui vient d'être
dit, qu'un Forgeron attentif peut s'affurer fi fes
mifes font bien & exactement foudées : c'eft un
argument qu'on a beaucoup fait valoir en faveur
des mifes faites de barres contre les faifceaux
de barres forgés à bras, qui ne peuvent jamais
faire une feule piece, comme on le verra dans la
fuite.

faire tenter cet ouvrage fous fes yeux, & dès la premiere fois il réuffit mieux qu'il ne fe l'étoit promis; enfin il a depuis fait fabriquer un grand nombre d'ancres de barres fous les gros marteaux, qui nous paroiffent être tout ce qu'on peut faire dans ce genre de plus parfait.

On ne fauroit douter que les ancres de barres ne foient entiérement faites d'un fer doux; du moins ne tient-il qu'à celui qui les fait fabriquer de s'en affurer, puifqu'on peut caffer chacune des barres (¹) avant de l'employer, & par conféquent examiner la qualité de fon fer. Chacune des bandes de fer a autant de longueur que la piece qu'elles compofent; les fibres du métal font difpofées dans le fens le plus avantageux; mais autant que les ancres de barres méritent, par la qualité de leur matiere, la préférence fur les autres, autant celles qui font forgées fous le marteau des groffes forges méritent, par la façon dont leur matiere a été travaillée, la préférence fur celles qui font forgées à force de bras d'hommes. Il y en a plufieurs raifons toutes fort décifives.

Si la verge d'une ancre fe changeoit, pour ainfi dire, dans une feule barre; c'eft-à-dire, fi toutes les barres qui la compofent devenoient auffi étroitement unies les unes avec les autres, que le font enfemble les différentes parties d'une même barre, la verge de l'ancre feroit travaillée le plus parfaitement qu'il eft poffible. Quelque foin qu'on prenne pour ramollir, par le feu, les barres qui forment le paquet d'une verge, elles reftent toujours des corps durs, qu'on ne peut approcher les uns des autres, & ferrer affez les uns contreles autres, que par le moyen d'une forte percuffion; il faut que la force de cette percuffion foit bien confidérable pour agir avec fuccès vers le centre de ces paquets; les barres de la furface arrêtent prefque tout l'effet du coup que peut donner un Forgeron. Peut-on fe promettre qu'un coup de marteau appliqué par des bras d'hommes parvienne jufqu'au centre, malgré toute la réfiftance qui lui eft oppofée ? Sept à huit hommes à la vérité armés chacun d'un marteau du poids de 12 à 15 liv. (²) frappent fur ces barres pendant qu'elles font chaudes; mais le nombre des hommes ne fait rien ici qu'en ce qu'il met en état de profiter de la foupleffe qu'on a donnée au fer; plus il y a d'hommes occupés à le travailler, & plus on en forge d'une même chaude. Ce qu'il faut comparer, c'eft l'effet d'un marteau du

---

(¹) On fait qu'un fer aigre & mal ouvré fe rompt aifément, & que la caffe eft brillante & formée de lamines, que les Ouvriers nomment des miroirs : d'autres un peu plus difficiles à rompre, préfentent une furface unie, grife, formée de grains fins; alors ce font des fers acéreins, peu propres pour la fabrique des ancres & de tous les ouvrages qui exigent des fers doux; les fers bien ouvrés, bien épurés & doux, font très-difficiles à rompre; on les plie bien des fois en fens contraire, fans qu'ils fe féparent; & au lieu d'une rupture unie, ils fe déchirent prefque comme du plomb; alors les Ouvriers difent que le fer a de la chair. Ce font les fers de cette qualité qui font les plus propres à faire de bonnes ancres.

(²) Les forts & vigoureux Forgerons manient des marteaux qui pefent 30 & même 40 livres; mais cela n'infirme point le raifonnement de M. de Réaumur.

poids de 12 à 15 liv. pouffé par le bras d'un homme, avec l'effet d'un marteau du poids de 800 liv. (¹) qui tombe d'une plus grande hauteur que les marteaux ordinaires des groffes forges. Or il eft certain que la force de ce dernier eft prodigieufement fupérieure à celle du premier; que fi les barres peuvent être foudées jufqu'au centre, c'eft par une pareille percuffion.

D'ailleurs on ne chauffe dans les Ports le paquet de barres qu'avec un feu excité par le vent de foufflets mus à bras, au lieu que dans les groffes forges on fe fert de foufflets mus par l'eau, capables d'exciter une chaleur beaucoup plus confidérable. Il eft bien difficile que le feu entretenu de la premiere maniere ait affez d'ardeur pour ramollir les barres du centre; de forte que dans les pores une force plus petite s'exerce contre des corps plus durs. Auffi les Forgerons à bras ne fe propofent pas de fouder les verges de leurs ancres jufqu'au centre, ils prétendent feulement fouder celles de la fuperficie, en former une croûte dans laquelle les barres du milieu font renfermées comme des plumes dans une écritoire (*Pl. III, fig.* 19). Ce qui paroîtra fort fingulier, ou du moins ce qui nous l'a paru d'abord, c'eft qu'ils mettent entre les défauts à éviter, de fouder une trop grande épaiffeur de barres; ils ont pris grand foin de faire mettre cet avis dans un Mémoire que nous avons reçu d'un des Ports du Royaume fur cette matiere; & peut-être feroit-ce en effet un défaut pour des ancres fabriquées à bras d'être foudées jufqu'au centre; en ne fe fervant que des petits marteaux & des foufflets ordinaires, il feroit peut-être difficile de faire parvenir les coups jufqu'au centre, fans avoir furchauffé la piece, fans avoir brûlé les barres de la fuperficie; mais auffi eft-ce un grand défaut à cette efpece de fabrique de ne pouvoir pas même fe propofer de lier enfemble toutes les barres qui forment la verge. Je fais que l'ancre ne laiffe pas de conferver encore beaucoup de force par la maniere dont les barres font difpofées; mais je fais auffi qu'il arrive quelquefois qu'on croit avoir une ancre de barres, & qu'on n'a qu'une ancre de mifes, même mal foudées; quelqu'attention qu'y apporte le Forgeron, quoiqu'il ne foude pas une couche épaiffe, il eft toujours difficile qu'il ne fe brûle pas une épaiffeur de fer de quelques lignes. Les barres brûlées ne deviennent plus que des mifes, puifqu'elles ont été divifées par le feu: près de la fuface, l'ancre eft de mifes; & vers le centre elle eft de barres, qui ne font point de corps.

Il y a encore une autre raifon pour laquelle on ne doit pas fe promettre un auffi long fervice de ces ancres que des autres. La rouille que l'eau de

---

(¹) On proportionne la groffeur des marteaux avec celle des ancres : pour les groffes ancres, le marteau, comme le dit M. de Réaumur, eft de 800 livres; pour les ancres de 6 milliers, il n'eft que de 5 à 600 livres. Mais on leve l'arbre du marteau par le milieu, pour élever le marteau jufqu'à 4 pieds & ½, & faire plus d'impulfion (*Pl. II, fig.* 5). Peut-être feroit-il mieux d'augmenter le poids du marteau pour ne l'élever que près de la maffe; car en élevant l'arbre par le milieu on fatigue beaucoup la machine.

mer eſt ſi propre à produire , les uſe du côté où elles ſont les plus fortes ; elle peut même ouvrir des routes à l'eau , pour pénétrer dans l'intérieur de la verge.

Les ancres fabriquées ſous le gros marteau ayant toutes leurs parties mieux liées , plus approchées les unes des autres , ont moins de volume que les au-tres , à peſanteur égale ; & cette preuve de la bonté de leur fabrique n'a pas toujours tourné au profit de celui qui en avoit eu ſoin.

M. Treſaguet en fit faire une pour un des Ports du Royaume d'où on la lui avoit demandée : on lui avoit marqué de quel poids on la vouloit , & quelle longueur & quel diametre on vouloit qu'euſſent chacune de ſes par-ties ; on avoit pris ces proportions ſur une autre ancre. L'ancre fabriquée avec ſoin , & rendue dans le Port , fut refuſée par ceux qui l'avoient deman-dée , & cela parce que cette ancre , quoique du poids qu'on avoit ſouhaité , n'avoit pas la longueur & la groſſeur qu'on avoit marquées. On eut beau dire que cela même étoit une preuve de ſon excellente fabrique ; que tout ce que l'on pouvoit demander étoit que les parties de l'ancre euſſent entr'elles les proportions de l'ancre qu'on avoit ſouhaitée , & non pas les mêmes longueurs & les mêmes groſſeurs ; que pour les donner il auroit fallu , ou augmenter le poids de l'ancre , dans lequel cas on ne l'auroit plus trouvée convenable , ou faire enſorte qu'il reſtât des vuides entre les différentes barres dont elle eſt compoſée. Ces raiſons parurent trop abſtraites ; en un mot on vouloit qu'une ancre d'un certain poids eût une certaine groſſeur & une certaine longueur. Celle-ci , pour avoir été trop bien forgée , eſt reſtée à la charge de celui qui l'avoit entrepriſe ; car cette affaire difficile ne fut pas jugée , & cette différence de peſanteur étoit aſſez conſidérable.

Il y a même des cas où il faut avoir néceſſairement recours à un plus grand poids que celui des marteaux à bras , comme nous le verrons dans la ſuite ; nous verrons en même temps qu'on n'a pu rien ſubſtituer d'équivalent aux marteaux des groſſes forges (¹).

Nous avons dit que la fabrique des ancres demande deux ſortes de travail ; celui de forger leurs différentes parties , & celui de ſouder enſemble ces dif-férentes parties : les réflexions générales que nous avons faites , ont déja fait entendre une partie du travail de la premiere eſpece.

Nous avons déja répété pluſieurs fois que , pour former la verge , il étoit

---

(¹) Nous avons déja dit qu'il eſt preſque im-poſſible de faire cadrer les dimenſions exactes des ancres avec un poids donné. On voit que c'eſt le ſentiment de M. de Réaumur ; c'eſt pourquoi dans le marché qui a été paſſé pour la fourniture des ancres, où il eſt dit que l'Entrepreneur s'engage de faire cadrer les proportions des ancres avec leur poids, on a mis la réſerve à 10 pour cent près , ce qui fait 600 livres ſur une ancre de ſix milliers.

Les Forgerons des Ports, qui étoient toujours conſultés ſur la fabrication des ancres, ont fait tout ce qu'ils ont pu pour qu'elles fuſſent forgées dans les Ports ; d'abord ils ſoutenoient qu'on les pouvoit forger parfaitement à bras, & qu'il étoit à propos que les barres intérieures ne fuſſent pas jointes les unes aux autres. Mais enſuite ils ont eſſayé de faire jouer à bras d'homme de gros mar-teaux : nous en parlerons dans la ſuite.

à propos de faire un paquet de barres : il y a encore ici quelques différences entre la pratique des grosses forges, ou plutôt de M. Trefaguet, & celle qui étoit en usage dans les Ports, & cette différence n'est pas encore à l'avantage de la fabrique des Ports. M. Trefaguet faisoit forger ses barres exprès plus larges & plus épaisses à un bout qu'à l'autre, à peu près dans la même proportion que la verge doit diminuer de grosseur ; comme il les prenoit à dessein un peu plus courtes que la verge qu'elles doivent former, il leur donnoit un peu plus de dimension dans les autres sens (¹).

De ces barres il formoit un paquet qui étoit une espece de pyramide tronquée, à base rectangle (*Pl. III, fig.* 11, 12 & 13), ayant attention de faire placer les barres d'un rang au-dessus des joints des barres d'un autre rang. Pour retenir ce paquet, on formoit des liens avec d'autres barres de fer qu'on changeoit en des especes d'anneaux (*fig.* 14), en soudant leurs deux bouts ensemble. On faisoit de ces anneaux de différents diametres ; on les contraignoit, à grands coups de marteaux, à serrer le paquet (*Pl. III, Vignette, fig.* 1).

Dans les Ports où l'on forgeoit à bras, on se servoit de barres par-tout d'une largeur & d'une épaisseur égale, comme le font les barres ordinaires de fer forgé (*Pl. III, fig.* 10), de sorte que, pour suppléer à ce qui manquoit de grosseur au paquet vers l'un de ses bouts, on lardoit dedans (*fig.* 15), des barres plus courtes (*fig.* 16), ou l'on mettoit ces barres plus courtes tout autour de la surface (*fig.* 17) : ces deux manieres font ressembler en quelque chose les ancres de barres aux ancres de mises ; & la premiere fait craindre que les barres introduites ne conservent des vuides considérables dans l'intérieur de la verge ; que les longues barres qui portent sur le bout des courtes ne se cassent lorsqu'on les forge, ce qui multiplieroit encore le nombre des mises. On avoit pourtant soin de rendre les barres qui devoient être ainsi fourrées, pointues par un bout : on les nommoit *esquilles de fourniture.*

On donnoit une figure à peu près ronde à ce paquet (*Pl. III, fig.* 15), parce qu'il n'auroit pas été aisé, avec les marteaux à bras, d'abattre des angles aussi aigus que ceux du paquet des grosses forges ; par conséquent les barres s'y trouvoient moins bien agencées les unes auprès des autres ; elles laissoient plus de vuide.

Pour forger aux gros marteaux des ancres de mises & des ancres de barres, il n'y a de différence qu'en ce qu'on soude les mises les unes après les autres, au lieu qu'on forge à la fois toutes les barres qui entrent dans la composition d'une piece (²).

(¹) La verge des ancres s'alonge à peu près d'un sixieme sous le gros marteau.

(²) On a fait plusieurs tentatives pour trouver la meilleure maniere d'arranger les barres, de façon qu'elles formassent, par leurs réunion, un cône tronqué. D'abord on les arrangea par zônes concentriques (*Pl. II. fig.* 17) ; mais ensuite on apperçut qu'étant quarrées, elles ne pou-

Mais de quelque maniere que l'on fabrique les pieces des ancres, c'est toujours avec le charbon de terre ; ou, comme on l'appelle en d'autres

voient se toucher au grand diametre *A A* : on les arrangea donc par lits (*fig.* 18), & le paquet étoit octogone. On a depuis changé encore cette disposition des barres. M. Tresaguet a fait les faisceaux de barre quarrés, comme on le voit (*Pl. III. fig.* 11, 12 & 13) : on est ensuite revenu à les faire octogones ; mais ayant remarqué que des barres trop menues s'arrangeoient difficile-ment ; qu'elles étoient plus sujettes à se déranger ; que celles de la surface ne soutenoient pas bien le feu, & qu'on multiplioit ainsi le nombre des soudures ; au lieu de les former de 120 barres, on ne les fait plus que de 25 ou de 26 dans l'ordre qu'elles sont représentées (*Pl. II. fig.* 19), qui indique le gros bout, & *fig.* 20 qui représente le petit.

Poids d'une Ancre faite.	Nombre de couches en barres pyramidales que l'on doit mettre dans le paquet de la verge & des bras.	Nombre de barres à chaque couche.	Dimensions de chaque barre au gros bout.		Dimensions de chaque barre au petit bout.		Longueur du paquet de la verge prêt à mettre au feu.	Longueur idem de chaque bras.
			Largeur. Pouc. Lig.	Epaisseur. Pouc. Lig.	Largeur. Pouc. Lig.	Epaisseur. Pouc. Lig.	Pieds. Pouc.	Pieds. pouc.
	Premiere couche pour couverture.	1	5 10	1 2	3 10	0 10		
	Deuxieme, idem.	3	2 4	1 0	1 8	0 9¼		
	Troisieme, idem.	4	1 11	1 0	1 5	0 9½		
	Quatrieme, idem.	3	2 9	1 0	2 0	0 9½		
3000 liv.	Cinquieme, idem.	4	2 1	1 0	1 7	0 9	10 8	3 10
	Sixieme, idem.	3	2 9	1 0	2 0	0 9½		
	Septieme, idem.	4	1 11	1 0	1 5	0 9½		
	Huitieme, idem.	3	2 4	1 0	1 8	0 9½		
	Neuvieme, idem pour couverture.	1	5 10	1 2	3 10	0 10		

M. de Réaumur a bien raison de soutenir que les ancres soudées jusqu'au centre, valent mieux que celles où les barres sont seulement enveloppées d'une croûte de fer forgé ; néanmoins, comme on a vivement soutenu le contraire, il ne sera pas hors de propos d'entrer à ce sujet dans quelques détails.

1°, Il est certain que si une ancre est tirée directement de *A* en *B* (*Pl. I. fig.* 23), supposant la qualité du fer pareille, celle où les barres ne seront pas soudées jusqu'au centre, pourront être à peu près aussi fortes que les autres. 2°, Mais il faut examiner ce qui arrivera à celles qui seront tirées obliquement, comme suivant la direction *CD* (*fig.* 24) ; cette puissance qui tend à élever la partie *C* de la verge, tend en même-temps à la faire plier.

Pour se former une idée de ce qui doit arriver dans cette circonstance, supposons trois cylindres de bois égaux entr'eux : conservons-en un plein, perçons l'autre pour en former un tuyau ; & ayant pareillement percé le troisieme, imaginons-le rempli avec des baguettes, ou supposons deux cylindres, un plein & formé dans une piece de bois, & que l'autre soit fait par la réunion d'un nombre de baguettes, ou que ce soit un faisceau ; supposons encore que ces différents cylindres étant soutenus par leur extrémité *a b* (*fig.* 25), soient chargés à leur milieu du poids *C*, ce qui revient à peu-près au même que l'effort que la verge *FC* a à supporter, étant tirée suivant la direction *CD* : or il est évident que le cylindre massif résistera mieux que le cylindre creux, ainsi que celui qui est formé par un faisceau de baguettes. Si nous soupçonnions que cela pût souffrir quelque difficulté, nous le prouverions d'une façon incontestable ; mais nous croyons pouvoir nous en dispenser. Si le cylindre formé par un faisceau de baguettes étoit plus fort, on feroit ainsi les essieux des voitures & les leviers qui sont destinés à remuer de grands fardeaux ; on se donne bien de garde de les faire de même ; & les ancres tirées suivant la direction *CD* oblique à la verge, peuvent toujours être ramenées à l'effet du levier.

Il est vrai que le levier de barres mal soudées pourra plier avant de rompre, au lieu que le levier de barres bien soudées pliera peu avant de rompre ; mais il faut savoir si la force qui fera plier le levier de barres mal soudées, sera suffisante pour rompre le levier de barres bien soudées : je pense que non. On convient bien que la somme des forces de toutes les barres rompues séparément, est supérieure à la force du faisceau, ou même de toutes les barres réunies par une bonne soudure ; mais il ne s'ensuit pas du tout que le faisceau rompe plus difficilement que la masse d'un barreau bien soudée : si la verge d'une ancre faite de barres non soudées, étant faite d'un fer très-doux, plioit comme celle *FG* (*fig.* 26), il pourroit, à la vérité, en résulter un petit avantage, pour que l'ancre ne rompît pas, parce que les barreaux du faisceau étant en partie tirés suivant leur longueur, ils fatigueroient moins ; mais aussi le levier de la verge seroit beaucoup raccourci, & la verge n'agiroit plus avec autant de puissance pour dégager les pattes.

Les partisans des barres non soudées ont fait un raisonnement auquel je n'entreprendrois pas de répondre, s'il n'avoit pas séduit plusieurs personnes. Une ancre qui ploie, dit-on, est moins sujette à rompre que celle qui résiste, par la même raison qu'un roseau n'est point rompu par une bourrasque de vent qui rompt un gros arbre : pourquoi ? parce que le roseau plie sous le vent & se redresse quand le vent cesse ; mais ne voit-on pas que le roseau en pliant, se dérobe à

endroits, avec le charbon de pierre, qu'on les chauffe. Le charbon de bois incomparablement plus propre à faire les fers doux, soit lorsqu'on fond la mine, soit quand on forge les barres & les mises, ne donne pas assez de chaleur pour échauffer suffisamment jusqu'au centre de si massives pieces. Aussi est-ce une regle générale que tous les gros ouvrages de fer doivent être chauffés avec le charbon de terre. Quand le fer a été affiné, & réduit en barres ou en mises, il a été privé de la plus grande partie de son laitier; & ce n'est qu'à l'aide de ce laitier, qui est un fondant, que le charbon de bois vient à bout de fondre les gueuses. Si, pour chauffer assez une piece de fer épaisse, on la laisse long-temps exposée au feu de ce charbon, le dessus de la piece se brûle; le feu agit trop contre la surface, & pas assez sur l'intérieur; peut-être parce que le charbon de bois contient moins de matiere huileuse que le charbon de terre. Cette même matiere huileuse, qui en s'enflammant échauffe le fer, en humectant sa surface l'empêche de se brûler (¹).

Les forges destinées à la fabrique des ancres différent peu de celles où l'on chauffe le fer pour le convertir en barre; le dessus du foyer ou de la table est plat, excepté vers son milieu où il y a un enfoncement de quelques pouces, qui contient une partie du charbon de terre. La seule différence remarquable, qui est entre ces forges & les forges ordinaires, est celle de leurs *tuieres*; l'ouverture de la tuiere des forges ordinaires est un demi-cercle, au lieu que l'ouverture des forges à ancres est circulaire *B D* (*Pl. IV*, *fig.* 1 & 2), & cette ouverture circulaire est beaucoup plus petite que l'autre. Le vent qui en sort se trouve plus rassemblé; il agit plus fortement contre les parties qu'il rencontre. La différente nature des deux charbons demande cette différence: celui de bois plus aisément inflammable, est, pour

l'action du vent, au lieu qu'une ancre, qui a été pliée par un coup de mer, n'élude pas ou peu la force qui agit sur elle; un second effort la pliera encore, & un troisieme la rompra, d'autant que dans un corps d'une certaine épaisseur, & qui a plié, toutes les parties solides qui le forment, sont dans des tensions inégales, la tension étant d'autant plus grande que les parties sont plus voisines de la face convexe *A* (*fig.* 27), & celles qui sont à la partie concave *B* sont en condensation. Si donc l'effort n'est pas réparti également sur toutes les parties du corps (*fig.* 27), celles qui sont les plus tendues rompront d'abord, & bien-tôt les autres éprouveront le même sort, au lieu que dans la verge d'ancre qui ne plie pas (*fig.* 28), il paroît qu'il y a un plus grand nombre de parties qui résistent de concert, d'où il doit résulter une plus grande force; car une corde dont tous les fils résisteront à la fois, rompra beaucoup plus difficilement que celle dont les fils inégalement chargés rompront les uns après les autres.

Mais je demande à ceux qui se font le plus déclarés pour les barres mal soudées, pourquoi ils n'ont prétendu faire l'application de leur principe que pour les verges des ancres? pourquoi ils ont toujours essayé que les barres fussent bien soudées dans les bras? pourquoi on tâche que les soudures soient bien faites dans les essieux des voitures, &c? Pour moi, je pense qu'on ne s'est fortement attaché à soutenir l'avantage des barres non soudées, que parce qu'il n'est pas possible dans les Ports où l'on n'a pas de marteaux mus par l'eau, de souder parfaitement une aussi grosse masse de fer, que l'est la verge d'une grosse ancre, & que les Officiers de Port se sont retranchés à dire, qu'il étoit mieux qu'elles ne fussent pas soudées.

Il faut néanmoins convenir que les pailles & les défauts de soudures qui sont suivant la longueur d'un levier, ne sont pas, à beaucoup près, si dangereuses que celles qui seroient en travers. C'est pourquoi il faut bien se donner de garde, en forgeant les ancres, de trop corroyer le fer sous le gros marteau, on en romproit le fil; il faut essayer que les barres soient soudées les unes aux autres; mais il faut faire en sorte que ces barres ne soient point déformées dans leur intérieur.

(¹) Il y a des charbons fossiles très-bitumineux; ce sont les meilleurs pour les forges: d'autres sont chargés de soufre, & ceux-là détruisent beaucoup de fer.

ainsi

aïnsi dire, composé d'une huile plus volatile; mais il donne une chaleur plus foible : celui de terre composé de parties plus fixes, donne une chaleur plus considérable; mais il ne la donne que quand ses parties ont été agitées plus fortement.

La matiere huileuse, ou si on l'aime mieux, la matiere bitumineuse, est si abondante dans la plupart des charbons de terre, que quand on les allume, cette matiere sort de différents morceaux de ces charbons, à peu près comme l'eau sort d'un des bouts d'un bâton humide allumé par l'autre bout. Cette matiere épaisse, & par conséquent gluante, lie ensemble tous les morceaux de charbon, ce qui est encore pour le Forgeron une raison de préférer le charbon de terre au charbon de bois. La piece qu'il avoit d'abord posée dans le milieu d'un tas informe de charbon, se trouve dans la suite entourée de tous côtés d'une espece de voûte au milieu de laquelle elle est isolée; les parties huileuses lient & soutiennent les anciens morceaux de charbon, & même les nouveaux que l'on ajoute; le vent du soufflet entre dans cette es-pece de voûte (*Pl. III, fig.* 35); il agit non seulement contre la partie vers laquelle il est dirigé, il circule ensuite autour de la voûte; la piece est, pour ainsi dire, dans une espece de fourneau de réverbere. Mais ce qui est le plus avantageux au Forgeron, c'est que comme sa piece ne touche le charbon en aucun endroit, sans déranger son feu il peut examiner si elle chauffe également par tout; il le voit par la même ouverture par où la piece entre dans cette espece de fourneau; il voit s'il est à propos de la retourner pour mettre la par-tie, contre laquelle le feu a le moins agi, dans la place de celle qui a chauffé plus vîte; il voit enfin quand il est temps de retirer cette piece, & de la por-ter sous le marteau (¹).

La verge d'une grosse ancre est une lourde masse à manier. Il seroit mal-aisé de la placer dans la forge, de l'y retourner, de la porter de la forge sur l'enclume, si des hommes seuls en soutenoient le poids. On en charge une machine simple & commode; les Forgerons l'appellent une *grue* : c'est une potence qui a, à l'un & l'autre des bouts de son arbre vertical, deux pivots sur lesquels elle tourne. La hauteur de cet arbre est au moins telle qu'un homme droit peut passer sous la branche qui est assemblée près de son extrémité

(¹) Il très-important, pour réussir dans une grosse piece de forge, d'avoir un chauffeur atten-tif & intelligent; il doit tellement disposer la piece qu'il chauffe, que le vent des soufflets ne donne pas dessus, mais qu'il passe dessous; car l'endroit où frapperoit le vent des soufflets ne manqueroit par d'être brûlé; néanmoins la partie du fer qui est voisine du vent est plus chauffée que le reste, & quand le chauffeur (*Pl. II. fig.* 16) apperçoit qu'un endroit est chauffé blanc, il doit retourner sa piece, & bien prendre garde, dans cette opé-ration, de déranger la voûte que forme le char-bon; il doit même jetter de l'eau dessus, & la fortifier avec du charbon mouillé; & en continuant un feu bien réglé, il parvient à chauffer son fais-ceau de barres jusqu'au centre sans en brûler la superficie. Pour soutenir au-dessus de la tuiere la piece que l'on chauffe, on met au-devant de la forge une piece de fer (*Pl. VI. fig.* 23) qu'on nomme un croissant, ou une demi-lune, & au fond un morceau de fer quarré auquel est soudé une pointe qui entre dans le foyer de la forge (*fig.* 21): ces deux morceaux de fer doivent avoir assez d'é-paisseur pour élever au-dessus de la tuiere la piece qu'on chauffe.

supérieure. Au bout de la branche de cette espece de potence (*Pl. III. fig.* 2, & *Pl. IV, fig.* 2 & 3) il y a une crémaillere ou une chaîne de fer ; on pose le faisceau de barres ou la verge dans le crochet de la crémaillere, ou si l'on se sert d'une chaîne, on l'entoure avec le bout de la chaîne.

L'usage de cette grue détermine suffisamment sa place & la proportion de ses parties. Lorsqu'on la fait tourner d'un côté, elle approche de la forge la verge dont la branche est chargée ; si on la fait tourner de l'autre côté, elle éloigne cette verge de la forge, & l'approche de l'enclume : elle doit donc être à peu près à égale distance de l'une & de l'autre, & sa branche doit avoir assez de longueur pour conduire une partie de la verge dans le feu de la forge, & pour la conduire ensuite sur l'enclume (¹).

Aux grosses forges, la premiere fois qu'on porte le paquet au feu, on le chauffe par le milieu ; on met ce milieu vis-à-vis de la tuiere ; on doit commencer par-là quand on se sert du gros marteau mu par l'eau, & cela parce

---

(¹) Pour qu'une Fabrique d'ancre soit bien établie, il faut qu'il y ait trois grues ou potences tournantes *A* (*Pl. II. fig.* 15) : leurs révolutions des feux aux enclumes sont marquées par des lignes ponctuées. Il faut de plus trois feux *B*. Un grand pour forger les verges & les bras ; un moyen pour chauffer un bras, pendant qu'on chauffe la verge au grand feu, lorsqu'il s'agit de souder les bras à la verge ; & alors il faut au moins deux grues qui partant de deux feux différents se rendent à une même enclume : une de ces grues porte la verge, & l'autre le bras (*Pl. IV*). Le troisieme feu qui est le plus petit, sert à chauffer les mises qui doivent fortifier les aisselles & perfectionner la tête de la croisée. Il faut aussi trois enclumes *C* (*Pl. II. fig.* 15). On a de plus un petit feu pour forger & radouber les outils.

Quoiqu'on voie l'élévation des grues sur les Planches III, IV & V, avec les crémailleres aux unes, & aux autres des chaînes & aussi quelques palans, j'ai cru devoir représenter à part (*Pl. VI*), ces différents instruments pour les détailler avec encore plus de soin.

La potence tournante que les Forgerons nomment *grue* (*fig.* 1), est composée d'un arbre vertical *CC* qui tourne en bas sur une crapaudine *A*, & en haut dans une bourdonniere *B*. Le bras *DD* étant fort long & devant porter des poids considérables, il est fortifié par un lien *E* & par les tirants *F*.

La crémaillere (*fig.* 2) étant soutenue par un étrier de fer *a*, qui peut parcourir toute la longueur du bras *DD* (*fig.* 1), on peut l'éloigner ou le rapprocher de l'arbre tournant *CC*, pour que l'ancre porte sur le fort de l'enclume : au moyen des dents *d* (*fig.* 2) on peut établir l'ancre à la hauteur qu'on veut. C'est sur le crochet *c* que repose l'ancre qu'on peut tourner comme l'on veut à cause du boulon *b*. Si on combine tous les mouvements dont la crémaillere & la potence sont susceptibles, on conviendra que cet instrument est d'une grande commodité pour remuer avec facilité d'aussi gros fardeaux : quelquefois on substitue à la crémaillere la chaîne (*fig.* 3).

Le bâtiment des forges ne doit point avoir de plancher, afin que la fumée & l'air chaud puisse se dissiper par le comble ; mais on place des poutres au-dessus des feux, & des enclumes pour y attacher des poulies, des moufles ou des palans qui sont d'une grande commodité pour le travail. Par exemple, le palan (*fig.* 4) sert à soutenir la verge lorsqu'elle est au feu, & le palan (*fig.* 5) sert à soutenir la verge lorsque l'ancre est sur son enclume. Il faut donc remarquer que la chaîne (*fig.* 3), ou la crémaillere (*fig.* 2) soutiennent le bout de l'ancre que l'on échauffe ou qui est chauffée, & que les palans soutiennent le bout opposé de la même ancre. Quand l'ancre est ainsi soutenue & placée en équilibre, on la tourne aisément sur l'enclume au moyen d'une piece de bois qu'on passe dans le trou de la culasse, qui est destinée pour recevoir l'organeau, comme on le voit, (*Pl. III. fig.* 3).

Quand un bras est soudé, & qu'on donne une bonne chaude à la tête, il faut soutenir la patte avec un palan, sans quoi son poids pourroit la faire courber. Cette remarque a lieu pour toutes les occasions où il faut porter une grosse piece qu'on a chauffée par le milieu.

Quand la piece est trop courte pour être maniée, comme *a* (*Pl. VI. fig.* 6), on y soude un ringard *b*, qui est un morceau de fer terminé par un anneau, dans lequel on passe un morceau de bois comme dans le trou de l'organeau (*Pl. II. fig.* 16). On s'aide encore, pour manier les pieces qu'on forge suivant leur différente grosseur, ou de tenailles (*Pl. VI. fig.* 7), ou de devers (*fig.* 8, 9, 10 & 11), ou enfin de leviers de fer ou de bois.

La Figure 12 représente une enclume. Elles sont presque toujours tout-à-fait quarrées. La surface en est représentée par la figure 13, & on en voit le profil (*Pl. II. fig.* 13). Il faut remarquer (*Pl. VI. fig.* 29) une trappe qui couvre une fosse qu'on pratique toujours auprès de l'enclume pour que les bras des ancres puissent entrer dedans ; elle procure la facilité de tourner l'ancre de tous les sens, ce qu'on ne pourroit pas faire sans cette fosse.

qu'en foudant les barres , il les alonge ; or le paquet étant d'abord forgé vers le milieu, elles s'alongent également vers l'un & l'autre bout : une preuve encore bien décifive que le gros marteau foude la verge jufqu'au centre, c'eft que toutes les barres qui le compofent s'alongent confidérablement, & de plus également ; ce qui n'arrive point à celles qui font forgées à bras. Le paquet étant chaud à fouder dans l'étendue d'un pied ou environ, on le conduit fous le gros marteau : en tournant & retournant ce paquet, on lui fait prendre la figure convenable ; c'eft à la prudence des Ouvriers à faire tomber les coups à propos. On ne s'en fie pourtant pas au jugement des yeux, pour décider fi on l'a réduit au diametre qu'il doit avoir. Avant de commencer à forger l'ancre, on en a tracé le gabari, c'eft-à-dire, que fur une planche bien unie, on a tiré diverfes lignes paralleles , dont les diftances des unes aux autres donnent la largeur & l'épaiffeur de chaque partie de l'ancre; avec un compas à branches courbes, on mefure fi la partie de l'ancre qu'on forge a les dimenfions que donne le gabari. Avec cette précaution on ne s'écarte pas des vraies mefures à une demi-ligne près.

On continue à chauffer & à forger de même le refte de la verge ; on forme le quarré ou la culaffe qui eft au petit bout ; & en finiffant le gros bout, on l'amorce, c'eft-à-dire, qu'on l'applatit, afin qu'on puiffe plus aifément fouder un bras de chaque côté.

On foude enfuite, fur deux des côtés du quarré, les deux mifes en faillies qui fervent à attacher le jas, & enfin l'on perce le trou de l'organeau. Pour cela on fait chauffer le quarré; on le porte fur l'enclume ; on appuie & on retient perpendiculairement fur le quarré un mandrin ou cylindre de fer de diametre égal à celui du trou qu'on veut percer, & alors on fait agir le gros marteau qui contraint le mandrin à traverfer la verge d'outre en outre (¹).

La fabrique de l'organeau n'a rien de particulier : à coups de marteau à bras, on arrondit un morceau de fer fait de barres ; on le fait paffer par le trou de la verge ; on le recourbe en anneau , & on foude enfemble fes deux bouts (²).

(¹) Toutes les pratiques qui regardent la forge font bien décrites par M. de Réaumur. Néanmoins je remarquerai qu'il eft d'un ufage conftant de commencer à chauffer & à forger le petit bout. On a foin qu'il y ait un lien immédiatement au-deffus de l'endroit qu'on chauffe, environ à deux pieds du petit bout. On frappe , s'il eft néceffaire, des coins de fer dans les vuides qui reftent entre les barres & le lien , quelquefois même on lie le faifceau immédiatement au-deffous du lien avec plufieurs révolutions d'une corde mouillée pour empêcher que le lien ne coule. Quand la chaude eft bien donnée, on pofe fur l'enclume une des couvertures *T* (*Pl. II. fig.* 19 ou 20), par exemple, & on frappe fur l'autre couverture *H*. En quelques coups de gros marteau toutes les barres font foudées, on retourne le faifceau fur toutes les faces, & on forme le quarré de la verge. Quand la chaude eft bonne , & qu'aucun accident ne dérange l'opération , on foude à chaque chaude 18 pouces de longueur au petit bout ; mais au gros cela va plus lentement.

Il eft vrai, comme le dit M. de Réaumur, qu'on perce à chaud le trou du quarré où doit entrer l'organeau ; mais pour les groffes ancres on emploie fucceffivement trois poinçons ou mandrins, commençant par le plus menu.

(²) L'organeau *Z* (*Pl. V. fig.* 8) mérite beaucoup plus d'attention que ne le dit M. de Réaumur. Celui d'une groffe ancre du poids de fept milliers devant entrer dans le trou de la culaffe

Les Forgerons qui faifoient les ancres à bras, commençoient à chauffer & à forger le paquet de barres à environ deux pieds & demi du gros bout, *e*, (*Pl. III, fig.* 3 de la Vignette); delà ils continuoient en allant vers la culaffe ou le quarré, ôtant les liens à mefure que les barres fe foudoient ; ils faifoient enfuite le quarré de la culaffe ; & pour cela ils infinuoient encore diverfes quilles (*Pl. III, fig.* 16) de fourniture, jufqu'à ce que le lien qui les devoit contenir fût rempli. On chauffoit & forgeoit ce quarré ; on y perçoit le trou de l'organeau ; il ne pouvoit être percé qu'en quatre à cinq chaudes, & dans les groffes forges on le perce en une ; on foudoit enfuite les deux tourillons ou mifes qui fervent à tenir le jas ; & enfin la culaffe étant finie, on revenoit au gros bout ; comme cette partie doit être bien fournie de fer, on y faifoit entrer des quilles à coups de maffes, jufqu'à ce que le lien qu'on avoit mis à un pied & demi du bout fût bien rempli (1).

Pour former les bras, on difpofe un paquet de barres pyramidales, comme on l'a préparé pour la verge, aux différentes proportions près ; on le lie de même avec des liens de fer. On foude les barres fous le gros marteau ; on forme le rond & le quarré du bras, & on amorce l'extrémité du rond pour le fouder & le joindre avec la verge. A chaque bout de ce bras, on foude un *ringard* (2) ou longue barre, qui donne au Forgeron la facilité de le remuer dans la forge. On fe fert au même ufage (*Pl. III, fig.* 26 *&* 27), quand le bras eft prefque fini, d'un *ringard volant*. On donne ce nom à une barre de fer dont un bout eft percé par un trou dans lequel on fait entrer une piece de bois que le Forgeron tient à deux mains. A quelque diftance de fon autre bout, ce ringard porte une efpece de lien de fer, & il a de plus à ce même bout un demi-lien, dont les extrémités font percées d'un trou dans

---

qui a 44 lignes de diametre, & avoir un peu de jeu, il ne peut avoir que 42 lignes de diametre. Cet anneau qui a peu de groffeur relativement aux autres parties de l'ancre, doit néanmoins réfifter à de grands efforts. Ainfi il eft important de le faire avec du fer très-doux & de le fabriquer avec toute l'attention poffible. Pour cela on affemble avec des liens un faifceau de barres (*Pl. VI. fig.* 14) comme nous l'avons expliqué en parlant de la verge, excepté que ces barres font plus menues & en moindre nombre ; on foude, on forge & on amorce ce faifceau (*fig.* 15), puis on le contourne (*fig.* 16); & comme on n'en peut fouder les deux bouts que quand l'anneau fera paffé dans le trou de la culaffe, après avoir amorcé les deux bouts du barreau (*fig.* 17), pour qu'ils fe foudent plus aifément, au lieu de contourner l'anneau fur un même plan, on en formé le filet d'une hélice ; de forte que, quoique les deux bouts du barreau fe croifent, ils font affez écartés l'un de l'autre pour qu'on puiffe paffer le barreau recourbé dans le trou de la culaffe, & enfuite ayant donné une bonne chaude aux parties du barreau qui font amorcées, il n'y a qu'à les rabattre l'un fur l'autre & les fouder : le faifceau fe corroye

fous le marteau mû par l'eau ; mais ce n'eft pas un marteau auffi pefant que pour forger la verge & les bras des ancres. Ainfi quand il eft réduit fous le gros marteau, comme le barreau (*fig.* 15), on le contourne & on le foude à bras avec les maffes & les marteaux (*fig.* 18, 19 *&* 20), qui pefent depuis 15 livres jufqu'à 30. Quand on prend toutes ces précautions pour bien faire les organeaux, ils plient quelquefois fous les grands efforts qu'ils ont à fupporter ; de ronds qu'ils étoient ils deviennent ovales : mais ils rompent rarement.

(1) On a vu plus haut, que dans les groffes forges on commence à forger la verge des ancres par le petit bout, & que par la forme pyramidale qu'on donne aux barres, on eft difpenfé de mettre des quilles de fourniture.

(2) On voit (*Pl. III. fig.* 1 de la vignette), un ringard ajufté au petit bout d'un faifceau deftiné à faire la verge d'une ancre (*fig.* 12) : on voit la même chofe (*fig.* 25, 28 *&* 29) des ringards foudés à des pattes ; (*Pl. IV. fig.* 5) un ringard foudé au bout d'une verge ; enfin (*Pl. VI. fig.* 6) un ringard foudé à un morceau de fer : en voilà plus qu'il n'en faut pour faire comprendre ce qu'on entend par un *ringard*.

lequel

lequel entre la cheville 17. On engage le bout du bras dans le lien ; plus loin on le faifit avec le demi-lien ; on l'arrête avec la cheville, & de cette façon on ajufte au bras un ringard qui n'eft pas foudé (¹).

A l'égard des pattes, on les a toujours fait dans les groffes forges avec des mifes, même pour les ancres qu'on fabriquoit dans les Ports (²).

Quand il s'agit de fouder enfemble ces différentes parties d'une ancre, au lieu d'une grue il en faut deux. On chauffe les deux pieces prefque fondantes vers les bouts, qui doivent être appliqués l'un contre l'autre ; elles ont chacune leur forge particuliere ; elles font affez groffes pour l'occuper. Près de chacune de ces forges il y a donc une grue, & ces deux grues portent chacune leur piece fur l'enclume commune, où elles doivent fe réunir (*Pl. IV, Vignette fig.* 2) ; on applique l'un contre l'autre leurs bouts amorcés, & à grands coups on les contraint à ne plus faire qu'un corps. On ne fauroit apporter trop de précautions pour bien fouder enfemble les parties de l'ancre ; il n'y a que des coups d'une prodigieufe force, appliqués fur une matiere bien ramollie, qui en puiffent venir à bout, fur-tout quand il s'agit de fouder un bras à la verge, ce que les Ouvriers nomment *encoller* ; auffi dans les forges où l'on travaille les ancres avec les marteaux à bras, on a recours alors à des machines qui donnent des coups plus violents. Mais avant de parler de ces machines, fuivons la pratique des groffes forges (³).

(¹) Dans certaines circonftances les devers (*Pl. VI. fig.* 8, 9, 10 & 11) tiennent lieu du ringard volant dont on vient de parler.

(²) Pour faire les pattes, ayant préparé des mifes de fer bien affiné & corroyé, on en foude une au bout d'un ringard ; à celle-là on en ajoute une ou deux autres pour faire la longueur de la patte ; on étend ces mifes en les applatiffant ; on les amorce par les bords pour recevoir d'autres mifes à peu près comme le repréfentent les lignes ponctuées de la figure 28, Pl. III. Quand la patte a l'étendue & l'épaiffeur qui convient à la grandeur de l'ancre que l'on forge, on la borde, c'eft-à-dire, qu'avec la tranche (*Pl. VI. fig.* 21) dont il fera parlé dans la fuite, on coupe ce qu'il y a de trop (*Pl. III. fig.* 29) ; & avec les marteaux à bras on lui donne la figure réguliere qu'on voit (*Pl. III. fig.* 24). Autrefois les pattes étoient terminées par des lignes droites ; mais maintenant on fait leurs bords un peu courbes, comme on le voit (*Pl. I. fig.* 2 & 3, & *Pl. IV. fig.* 3 & 4), ce qui augmente un peu leur furface.

Quand le bras eft exactement forgé, on donne une chaude au quarré, & dans une autre forge on chauffe la patte pour la fouder fur le bras dans toute fa longueur, ce qui demande de la célérité & de l'adreffe ; car il faut que cette réunion fe faffe d'une feule chaude. (Voy. *Pl. I. fig.* 2, 3 & 4, & *Pl. IV. fig.* 3 & 4). Il eft vrai qu'ayant quelquefois remarqué, en finiffant l'ancre, que la patte n'étoit pas foudée dans une partie de fa longueur, on y a remédié avec des clous rivés : cela eft très-bon, mais c'eft une reffource que l'Entrepreneur doit éviter le plus qu'il eft poffible ; car comme il faut percer avec le foret la patte & le bras, cette opération emporte des frais confidérables. Lorfque la patte eft foudée, il faut donner aux bras la courbure qu'ils doivent avoir : pour cela on leur donne des chaudes plus ou moins fortes fuivant l'épaiffeur du fer, & on les tranfporte fur deux billots de bois qui font couverts d'une épaiffe femelle de fer, ce qui fait comme deux enclumes qui font près l'une de l'autre ; & avec de gros marteaux à bras on frappe dans le porte-à-faux ou entre ces deux efpeces d'enclumes, ce qui fait prendre peu à peu l'arc ou la courbure que les bras doivent avoir, comme on le voit (*Pl. IV, FG fig.* 3, & *PO fig.* 6). Pour bien conduire cette courbure, il faut, fur la table où on a tracé le patron ou gabari de l'ancre, tirer du bec de l'ancre à fon gros bout, non compris l'amorce, une corde ou une ligne *R R* (*Pl. I. fig.* 1), enfuite élever de demi-pied en demi-pied les ordonnées *S S* perpendiculaires à la ligne *R R* ; eat en plaçant fur la piece qu'on forge une regle divifée en demi-pieds, on fera enforte que les ordonnées foient pareilles à celles du gabari ; ou bien on fait prendre à un barreau de 4 ou 5 lignes en quarré, la courbure que ce bras doit avoir ; & en pofant ce barreau fur la piece qu'on forge, on fait enforte de lui faire prendre le même arc.

(³) M. de Réaumur infifte beaucoup & avec grande raifon, fur les précautions qu'il faut prendre, pour que la foudure des bras avec la verge foit bien parfaite : il dira dans la fuite qu'on fortifie l'encolure avec des mifes qu'on foude à bras dans les aiffelles & fur la tête de la croifée ; enfin on rogne l'excédent de fer avec la tranche, & on

ANCRES.

G

A la forge d'Imphy dans le Nivernois, on a un marteau monté exprès pour l'encolage, qui s'éleve plus au-deſſus de l'enclume que les marteaux ordinaires, à cauſe de la hauteur des bras qu'il faut retourner deſſous. D'ail-leurs l'effet de la percuſſion eſt d'autant plus conſidérable que le coup tombe de plus haut ; auſſi ce marteau ſoude-t-il un bras à la verge en quatre à cinq coups. Il a pour manche une piece de bois de neuf pouces d'équarriſſage, longue de douze pieds : ce manche eſt à l'ordinaire porté par la piece de fer appellée *huſſe* ; mais au lieu que les bras agiſſent ſur les autres gros marteaux, en les prenant entre l'enclume & la huſſe, ici ils le rencontrent entre la huſſe & la queue, & c'eſt en abaiſſant le manche en cet endroit qu'ils élevent le marteau à 30 ou 40 pouces de hauteur. Il y a environ ſix pieds du marteau à la huſſe, & il n'y en a gueres que trois de la huſſe à l'endroit que preſſent les bras alternativement ; l'arbre n'a que deux bras ; s'il en avoit davantage, ils rencontreroient le manche avant qu'il fût à la fin de la chûte (¹).

Quand le marteau eſt dans l'inaction, il eſt ſoutenu par un pieu preſque vertical, entré à force ſous ſon manche. Ce pieu reſte juſqu'à ce que les pieces à ſouder ſoient arrangées ſur l'enclume ; ſitôt qu'elles le ſont, un Ouvrier abat le pieu d'un coup de maillet, le marteau tombe ſur les pieces & continue à les frapper, parce qu'on leve dans le même inſtant la pale qui ar-rêtoit le cours de l'eau. Un bras étant ſoudé on ſoude pareillement le ſe-cond, mais de l'autre côté du même bout de la verge. On emploie différentes machines, dans différents Ports, pour ſouder les bras à la verge. A Breſt (²) on ſe ſert d'une ſonnette ſemblable à celle avec laquelle on éleve un mouton pour enfoncer des pilotis. Pendant qu'on fabriquoit des ancres à *Vienne*, on ſe ſervoit de la même machine, par le moyen de laquelle ſept à huit hom-mes élevoient un vrai mouton. Mais à Breſt, en la place du mouton, on met une maſſue (*Pl. V, fig.* 10, *ACB*) peſant environ 300 liv. Cette maſſue eſt par-tout à peu près ronde ; mais elle a deux diametres différents : le manche *B* eſt de groſſeur à être empoigné par un Forgeron ; l'autre bout *A* eſt beaucoup plus gros. La corde qui ſert à la ſuſpendre & à l'élever, eſt attachée où finit le gros de la maſſue, & où commence ſon manche. Pendant que ſept à huit hommes travaillent à l'élever en tirant ſur les cordons *E*, il y en a un qui tient le bout *B* de ſon manche ; il la dirige pendant ſa chûte, & il la fait tomber, autant qu'il lui eſt poſſible, ſur l'endroit à ſouder(³).

---

pare l'ancre. Tout cela ſera expliqué quand M. de Réaumur aura décrit les Machines de Breſt & de Rochefort : nous remettons encore à parler en cet endroit des attentions qu'on doit appor-ter, pour que les bras ſoient exactement dans le plan qui leur convient.

(¹) Cette façon d'élever le marteau fatigue beaucoup l'arbre : néanmoins tous les gros mar-teaux de la fabrique de Coſne ſont diſpoſés de cette façon ; mais on fortifie toutes les parties pour qu'elles puiſſent réſiſter à ces efforts.

(²) Les machines de Breſt & de Rochefort qui originairement avoient été faites pour faire des ancres, ne ſervent plus, depuis l'établiſſement de la fabrique de Coſne, qu'à radouber celles qui ont été rompues. Je penſe même qu'il y auroit plus d'économie à renvoyer les ancres à Coſne, que d'entreprendre des radoubs qui coûtent beau-coup dans les ports, & qui ne ſont ſolides que quand les ancres ne ſont pas fort groſſes.

(³) Je ne ſais s'il ne ſeroit pas mieux d'élever par une ſonnette *EDA* (*Pl. V. fig.* 10) un marteau

La machine dont on se sert à Rochefort (*Pl. V, fig.* 12 & 5), est moins simple : elle fait agir un marteau pesant 6 à 700 liv. il a un manche *I G* (*fig.* 2) semblable à ceux des marteaux des grosses forges. Pour soutenir ce marteau & les pieces qui le font agir, on a construit un assemblage de charpente composé de divers montants liés par des entre-toises : le tout forme une espece de cage *r*. Les deux montants du devant de l'assemblage, (nous donnons ce nom aux deux plus proches de l'enclume), portent les pivots, ou le boulon *H* autour duquel le manche tourne. La partie *H G* de ce manche qui est en dehors de la cage, est chargée du marteau ; elle est de quelque chose plus longue que celle qui est en dedans.

On entendra plus aisément l'usage des autres pieces dont il reste à parler, lorsque nous aurons averti que le marteau n'agit point ici comme dans les grosses forges, en tombant librement ; que diverses pieces le poussent pendant toute sa chûte, à peu près comme les mains poussent les marteaux à bras. Les deux montants qui portent le marteau, portent au-dessus un boulon *L* autour duquel tourne une forte piece de bois *PK* ; elle est posée immédiatement au-dessus du manche ; elle a peu de saillie par-delà les deux premiers montants ; mais en dedans de la cage, elle va quelques pouces plus loin que le bout du manche : on l'appelle & nous l'appellerons *barre du ressort*. Elle tire ce nom d'une piece de fer recourbée *MN* ou *g h*, dont une partie est attachée contre elle, & l'autre contre le manche assez proche de son extrémité.

La même barre tient encore au manche du marteau par un autre endroit ; à quelques pouces de son bout elle a une frette de fer ; le manche en a aussi une. Une chaîne *O* de fer engagée dans l'une & dans l'autre frette est le second lien qui tient la barre du ressort jointe avec le manche ; d'où il suit que si on éleve le bout de la barre, on élevera en même temps le bout *I* du manche du marteau, ou ce qui est la même chose, qu'on fera descendre le marteau vers l'enclume ; la barre contribue encore, par un autre endroit, à faire descendre le marteau ; quand sa partie *P* qui est en dedans de l'assemblage, s'éleve, celle qui est en dehors *K* s'abaisse ; elle rencontre le manche entre son point d'appui & le marteau ; elle le presse donc encore de descendre.

Huit hommes *b* (*fig.* 1) appliquent leurs forces pour faire agir la barre du ressort, & voici la disposition des pieces qui leur en donnent la facilité. Dans les deux montants de derriere sont taillées deux coulisses, l'une vis-à-vis l'autre ; un pesant cric *e* (*fig.* 4) y monte & descend librement, sans pouvoir s'écarter d'aucun autre côté. Les dents du cric sont en dehors de l'assemblage que nous avons comparé à une cage : une seule est prolongée en dedans, celle-ci est arrêtée par le moyen d'une clavette contre une piece de fer *Z Y* (*fig.* 3)

---

ajusté comme dans les grandes forges, & qui ne peseroit que 3 ou 400 livres ; car le grand défaut de la sonnette de Vienne & de la massue de Brest, que j'ai vu opérer, est que le plus vigoureux Forgeron a bien de la peine à diriger ces grosses masses dans leur chûte.

faite en maniere de verrouil commun; le prolongement de la dent entre dans la partie qui reſſemble à la poignée du verrouil. Le corps du verrouil ou le boulon eſt engagé dans deux crampons *V V* (*fig.* 3) qui ont quelque ſaillie par-delà de la barre du reſſort, & attachés chacun contre une de ſes faces latérales; ainſi le cric eſt, pour ainſi dire, attaché lui-même au bout de la barre du reſſort.

Par-delà les deux derniers montants de l'aſſemblage que nous avons appellé une cage, eſt un autre aſſemblage de charpente, dont les deux pieces *q* (*fig.* 5) que nous avons à conſidérer ſont deux entre-toiſes de la cage prolongée; elles portent en *n* l'eſſieu d'une lanterne *d d* (*fig.* 4), qui n'a des fuſeaux que dans une moitié de ſa circonférence, & qui en a autant que le cric a de dents. Le même eſſieu eſt celui ſur lequel ſont fixées deux grandes roues de bois *m* (*fig.* 5); la lanterne eſt à égale diſtance de l'une & de l'au- tre : elles ont chacune une manivelle *p* placée aſſez proche de leur circonfé- rence. Une groſſe corde tient à chacune de ces manivelles.

Quatre hommes tirent avec force, & ſubitement chacune de ces cordes, pendant que deux hommes de grande taille agiſſent de chaque côté immé- diatement ſur la manivelle. Ils ſont faire un demi-tour aux roues, ou, ce qui eſt la même choſe, à la lanterne, avec qui leur eſſieu eſt commun ; au bout de ce demi-tour de lanterne, le marteau tombe ſur l'enclume. Pour voir la liaiſon qui eſt entre ce demi-tour de la lanterne & la chûte du marteau, il faut imaginer le cric *Q* (*fig.* 2) auſſi bas qu'il puiſſe être, & la premiere dent ou la dent ſupérieure du cric engagée ſur le premier fuſeau de la lanterne *SR.* La lanterne en tournant, prend ſucceſſivement toutes les dents du cric; elle l'éleve; le cric éleve la queue de la barre du reſſort qui entraîne avec ſoi le bout du manche du marteau, le marteau par conſéquent deſcend. Le ſecond bout de la barre, celui qui eſt placé entre le marteau & le point d'appui de ſon manche, preſſe encore la chûte : le marteau ne tombe ſur l'enclume que quand le dernier fuſeau a élevé la derniere dent du cric. Dans l'inſtant ſui- vant dans l'autre demi-tour, la lanterne n'a plus de priſe ſur le cric, auſſi le marteau ſe releve ; & cela parce que le poids du cric, celui du reſſort, celui de la partie de la barre & de la partie du manche, qui ſont en dedans de la cage, joints enſemble, ſurpaſſent le poids du marteau & de la partie de ſon manche qui eſt en dehors de la cage.

Quoique la percuſſion de ce marteau produiſe un grand effet, elle n'é- gale pas celle des marteaux des groſſes forges, & elle eſt plus lente.

Pour retenir encore plus fermement les bras contre la verge, on applique des miſes aux aiſſelles, & ſur tous les joints, ou on les ſoude avec des marteaux à bras.

Le bout de la verge excede ordinairement les bras : on rogne cet excé- dent & tout ce qui ſe rencontre ailleurs de fer ſuperflu avec une tranche,

outil

outil simple dont nous verrons souvent faire usage : c'est une espece de coin d'acier bien trempé, engagé dans une fente faite dans un long morceau de bois (*Pl. VI, fig.* 21) qui lui sert de manche. Le maître Ancrier tient le manche pendant que des Forgerons frappent sur la tête de la tranche dont le tranchant est appuyé sur le fer inutile, (*voyez Pl. IV, fig.* 3 *de la Vignette*) : enfin, à coups de marteaux qui ne pesent que 15 à 18 livres, on acheve d'applanir & d'unir les endroits raboteux, ce qu'on appelle *souder les balevres, & parer l'ancre* (¹).

Une partie de l'effet de l'ancre dépend de la juste courbure de ses bras ; on acheve quelquefois de la leur donner après que tout le reste est fini, & cela sans secours de marteau. On assujettit avec des cordes la verge de l'ancre contre un pieu vertical. On allume le feu sous un des bras, & principalement vers le défaut de la patte, qui est l'endroit à recourber. On attache une corde à cette patte, & on la fait passer sur une poulie qu'on a eu soin d'arrêter contre la verge. Deux ou trois hommes, en tirant cette corde, contraignent le bras à se recourber ; qu'on n'en conclue rien de désavantageux contre sa force, de ce qu'il cede à deux ou trois hommes, lui qui doit tenir contre le vent ; le feu l'a, pour ainsi dire, rendu une pâte molle, (*Pl. III, fig.* 4 *de la Vignette*).

Il y a une maniere équivalente de recourber le bras : après l'avoir chauffé, on passe une corde dans l'organeau ; on attache les deux bouts de cette corde tendue à un étrier de fer, qui embrasse le bras proche du bec ; cet étrier est retenu par une chaîne de fer, qui saisit le bras au défaut des aîles de la patte ; ces aîles empêchent la chaîne de glisser. On passe ensuite un levier entre les deux parties de la corde ; plusieurs hommes appliquent leur force pour tourner le levier, ils tortillent les deux parties de la corde l'une sur l'autre ; ce qui tire fortement le bras, & le contraint à se courber. (*Pl. IV, fig.* 7). Il y a pourtant des endroits où l'on ne courbe les bras qu'à coups de marteau, & cela immédiatement après y avoir soudé les pattes.

La courbure qu'on tâche de leur donner, est celle d'un arc de cercle de

---

(¹) Nous avons déja dit, & on doit le comprendre, si on se rappelle ce qui a été dit au commencement de ce Mémoire, qu'il est très-important que les deux bras des ancres soient exactement dans un même plan, & en outre que le plan qui passeroit par l'axe des deux bras coupe à angle droit celui qui passeroit par l'axe du jas. Enfin il faut que les plans des deux pattes soient paralleles entr'eux ; ces conditions sont très-importantes, & méritent toute l'attention du maître Ancrier. Pour les remplir, il place sur l'enclume la verge, de façon que le morceau de bois que le maître Ancrier tient dans ses mains, & qui passe dans le trou de l'organeau soit bien parallele au plan de l'enclume, ou qu'il soit bien de niveau. S'il y a déja une patte de soudée, comme on le voit dans la vignette de la Planche IV, le maître Ancrier fait caller cette patte sur des chantiers & des coins de bois. On voit dans cette vignette quatre Ouvriers occupés à faire prendre cette position à une ancre qu'on va encoller ; on a supprimé les autres Ouvriers pour éviter la confusion. Au lieu qu'on n'a représenté dans la vignette que deux grues & deux chaînes, on emploie encore des palans (*Pl. VI.*), des chantiers, &c, pour que les bras soient précisément dans la position qui leur convient ; mais il faut que ces opérations qui exigent de la précision, s'exécutent fort vîte, afin que le marteau puisse frapper tandis que le fer est extrêmement chaud.

ANCRES.

H

60 degrés ou environ. Voici comment le Forgeron mefure cette courbure : il prend la longueur qu'il y a depuis la croifée jufques au bec. En commençant de même à la croifée, il porte cette longueur fur la verge, & mefure fi la diftance qu'il y a depuis l'endroit de la verge où elle fe termine jufqu'au bec, eft égale à chacune des longueurs précédentes. Si elle eft plus grande, il continue à faire courber le bras, il mefure la nouvelle courbure, & cela jufqu'à ce qu'il trouve que les trois lignes dont nous avons parlé, forment un triangle équilatéral (').

Avant de confier le falut d'un Navire à une ancre, on l'éprouve ordinairement. On a deux manieres différentes de faire cette épreuve, dont la premiere devroit être entiérement rejettée, quoiqu'on y ait quelquefois recours dans nos Ports, & que plufieurs gens dignes de foi m'ayent affuré l'avoir vu pratiquer en Hollande. Pour cette efpece d'épreuve on fait un lit de vieux canons ou d'autres gros morceaux de fer arrangés les uns auprès des autres. Près de ce lit on place une grue de 30 à 40 pieds de haut : on éleve l'ancre à effayer au haut de la grue, & on la laiffe tomber tout d'un coup fur cette couche de ferraille. Elle eft jugée bonne fi elle réfifte à cette épreuve, & mauvaife fi elle fe caffe. A vrai dire, le jugement qu'on en porte eft fort incertain : une mauvaife ancre peut réfifter fi la percuffion tombe fur les parties les plus fortes ; & la percuffion peut être telle, qu'elle brifera une partie bien fabriquée & conftruite dans les proportions. Ce n'eft point par une efpece de percuffion pareille que le Vaiffeau agit contre l'ancre, il faut effayer fa force de la maniere dont elle a à l'exercer ; c'eft pourquoi la feconde maniere de l'éprouver eft fans doute préférable.

Pour faire cette autre épreuve, on enfonce un pieu ou une poutre dans la terre, on accroche le bras de l'ancre à ce fort pieu, & on met un cordage dans l'organeau de l'ancre. Par le moyen d'un cabeftan, on tire ce cordage jufqu'à le caffer, fi l'on veut ; d'où il eft clair que fi le cordage eft de la groffeur ou de la force de celui qui doit tenir l'ancre dans la mer, l'ancre a foutenu dans cette pofition la plus grande réfiftance qu'elle ait à foutenir : je dis dans cette pofition ; car celle où on l'a mife n'eft peut-être pas celle ou certaines parties de l'ancre fatiguent le plus. Pour faire cette épreuve d'une maniere encore plus fûre, il faudroit placer l'ancre à peu près comme elle l'eft dans la mer, & lui donner des appuis fixes en différents endroits de fon bras : ce qui feroit aifé en faifant entrer la patte dans un trou creufé en terre, auprès duquel une groffe poutre, ftablement arrêtée, feroit auffi engagée en terre ; la poutre feroit le point fixe qui arrêteroit le bras : enfin, l'effai fait fur un bras ne conclut rien pour l'autre.

(') Nous avons fuffifamment parlé de cette courbure au commencement de ce Mémoire, ainfi nous nous difpenferons d'infifter fur ce point. Voyez pour l'intelligence de ce que dit M. de Réaumur (*Pl. I, fig.* 1), le triangle *H D N.*

C'eſt ordinairement aux bras que les ancres ſe caſſent en mer ; ce que les Marins appellent *s'épatter* ; elles ſe caſſent auſſi à la verge près du quarré ; ce ſont les endroits les plus foibles : elles ſe caſſent auſſi quelquefois proche de l'encolure, & dans d'autres endroits ; mais alors c'eſt la faute du fer ou de la fabrique (¹).

REMARQUES *ſur les proportions des Ancres de différents poids.*

IL N'Y A ENCORE rien de conſtant, d'établi, ni même d'uſage conſtamment ſuivi ſur les proportions que doivent avoir entr'elles les parties d'une même ancre, & ſur celles que doivent avoir entr'elles les parties d'ancres de différents poids. Les proportions qu'on leur veut dans un Port ſont différentes de celles qu'on leur veut dans un autre. Une ancre fabriquée ſur les meſures qu'on demande à Breſt, eſt toute différente de l'ancre du même poids fabriquée ſur les meſures qu'on demande à Rochefort : il y a plus ; on change ſouvent de proportions dans un même Port.

En général, ces variétés viennent de ce qu'on n'a encore rien déterminé géométriquement ſur la figure des ancres. Entre pluſieurs ancres d'un même poids, forgées ſelon les différentes proportions, on a choiſi celle qui a plus d'avantage, pour ſervir de modele à toutes les autres de pareil poids ; mais il eſt ſouvent arrivé que celles qui étoient ſelon les proportions choiſies, n'avoient plus le poids de l'ancre qui ſervoit de modele ; ou que quand on leur donnoit le même poids, on ne pouvoit plus leur donner les mêmes proportions. Plus le fer eſt pur, moins il contient de laitier, plus

---

(¹) J'ai repréſenté (*Pl. VI. fig.* 26), la manœuvre que M. Deslongschamps avoit imaginée pour éprouver les ancres. Ayant à éprouver l'ancre *A*, on enlaçoit les bras *B* par les pilots *C* ; on tiroit l'ancre obliquement par le cabeſtan *F* & le pieu *E* : par l'application oblique des forces, on faiſoit en même temps ſouffrir des efforts à la verge & aux deux bras ; mais ſi on vouloit augmenter ces efforts juſqu'à rompre le cordage, il falloit ne le pas rendre capable d'une trop grande réſiſtance. Car un effort qu'on multiplie tant qu'on veut, peut être pouſſé au point de tout rompre. Je voudrois donc ne mettre au cabeſtan que le nombre d'hommes qu'on emploie ordinairement pour lever une ancre qui eſt bien priſe dans un terrein ; car ſi dans ce cas l'ancre réſiſte, elle doit être jugée bonne, quoique le cable n'ait pas rompu ; d'ailleurs ſi on alloit toujours juſqu'à rompre le cable, les épreuves coûteroient beaucoup.

Pour prouver que rien ne réſiſte à des efforts multipliés, il ſuffit de rapporter une expérience que j'ai vu faire à Rochefort. Ayant appuyé les deux pattes des ancres ſur deux forts pilots (comme on le voit (*Pl. VI. fig.* 27), on multiplia la force du cabeſtan, par des caliornes qui agiſſoient ſuivant la direction *A B*. Trois ancres qu'on reconnut excellentes par la rupture, rompirent neanmoins par la verge vers *C* ; & on ceſſa cette épreuve, parce qu'on s'apperçut qu'on romproit toutes les ancres de l'Arſenal.

Je penſe, comme M. de Réaumur, que l'épreuve propoſée par M. Deslongschamps eſt beaucoup préférable à celle qu'on employoit auparavant, & qui conſiſtoit à faire tomber des ancres ſur des canons ; car indépendamment des raiſons que M. de Réaumur a rapportées, & qui ſont très-bonnes, j'ajouterai qu'une violente commotion, qui n'a pu rompre un corps dur, a quelquefois tellement ébranlé & déſuni les parties, qu'elles rompent enſuite ſous les moindres efforts. Un canon de fuſil, à qui on a fait ſubir une violente épretive, creve avec une charge ordinaire. Mais rien n'eſt plus propre à rendre cette vérité ſenſible que de voir travailler un Fendeur de grais : il donne ſur ſon bloc de grais cinq ou ſix coups de maſſe ſans qu'il patoiſſe la moindre rupture ; & au ſeptieme le bloc ſe ſépare quelquefois en deux.

Je penſe donc que l'épreuve propoſée par M. Deslongschamps eſt la moins mauvaiſe de toutes, mais que le mieux eſt de s'aſſurer de la bonté des barres qu'on emploie, & de la perfection de la fabrique. On verra dans un inſtant que c'eſt auſſi le ſentiment de M. de Réaumur.

il pefe fous le même volume. D'ailleurs une ancre contient d'autant plus de fer fous le même volume, qu'elle a été mieux forgée, que les barres ou les mifes ont été mieux foudées enfemble ; il en refte d'autant moins de vuide entr'elles, & les différences qui naiffent delà peuvent aller loin. M. Trefaguet affure, & on peut fe fier à ce qu'il affure, qu'une ancre de fa fabrique, faite fur les mêmes dimenfions d'une ancre de Rochefort de 1900 livres, pefoit 2535 livres.

Cela même fourniroit une maniere de connoître la nature de leur fer, & fi elles ont été bien fabriquées. Après s'être déterminé pour les proportions qu'on croit les meilleures, il faudroit faire fabriquer, devant des perfonnes éclairées & attentives, des ancres compofées toutes d'un fer excellent, & forgées le plus parfaitement qu'il feroit poffible. Ces ancres faites avec foin, ferviroient, pour ainfi dire, d'étalons pour toutes les autres : celles qui ayant les mêmes mefures peferoient moins, feroient reconnues pour être d'un mauvais fer, ou mal fabriquées.

Une feule ancre même faite avec ce foin, fuffiroit fi elles doivent toutes avoir des figures femblables ; les mefures d'une ancre d'un certain poids étant connues ; on détermine par le calcul quelles doivent être celles d'une ancre demandée d'un autre poids ; le diametre ou la longueur de chaque partie femblable de l'une eft au diametre ou à la longueur de chaque partie femblable de l'autre, comme la racine cubique du poids de la premiere eft à la racine cubique du poids de la feconde ; ou, ce qui revient au même, foit divifée la racine cubique du poids de l'une par la racine cubique du poids de l'autre, & foient divifées par le quotient chacune des parties connues, on aura les parties cherchées, c'eft-à-dire, que nommant D, le diametre ou la longueur d'une partie quelconque de l'ancre connue, P fon poids, p, le poids de l'ancre qu'on veut fabriquer, x, fon diametre ou fa longueur : on aura pour déterminer les proportions, $D \, . \, x : \sqrt[3]{P} \, . \, \sqrt[3]{p}$ ou $x = \dfrac{D \times \sqrt[3]{p}}{\sqrt[3]{P}} = D \times \sqrt[3]{\dfrac{p}{P}}$.

Un exemple va rendre cela encore plus fenfible. Soit P fuppofé repréfenter tantôt la longueur, tantôt le diametre d'une ancre de 4000 livres, & qu'on veuille connoître les proportions d'une ancre de 500 livres ; dans ce cas, $P = 4000$ livres, & $p = 500$ livres ; & alors $\sqrt[3]{\dfrac{p}{P}} = \sqrt[3]{\dfrac{500}{4000}} = \sqrt[3]{\dfrac{1}{8}} = \dfrac{1}{2}$: donc $x = \dfrac{D}{2}$. Ainfi, fi je veux conftruire une ancre de 500 liv. femblable à une ancre de 4000 livres, je dois donner à fa verge la moitié de la longueur de la verge de l'autre ; de même je donnerai à cette verge près du collet & près du quarré, des diametres qui feront la moitié de ceux de l'ancre qui fert de modele, & ainfi de ceux de toutes les autres parties.

Ce que nous avons dit de l'ancre de 500, & de l'ancre de 4000 liv. doit fe dire de même de toutes les autres. Le calcul n'en deviendra pourtant pas

toujours

toujours également commode : souvent on fera contraint de se contenter d'à-peu-près, & cela, parce qu'on ne pourra que rarement avoir en nombre entier la racine cubique d'un poids divisé par un autre.

Delà vient encore que, quoiqu'on se soit proposé, dans les différentes Tables des proportions des ancres, de leur donner des figures semblables, on ne le fait que rarement : on en aura assez de preuves si on compare, dans une de ces tables, les proportions d'une ancre de 500 liv. avec celles d'une ancre de 4000 liv. on trouvera que les parties de la petite ont la plupart un diametre qui surpasse la moitié de celui des mêmes parties de la grande.

On pourroit croire que cela a été fait à dessein, qu'on a craint de rendre certaines parties des petites ancres ; trop courtes ou trop minces, si on les tenoit proportionnelles à celles des grandes ; que la verge de l'ancre de 500 liv. n'auroit pas, par exemple, assez de longueur pour faire bien accrocher les pattes, si elle n'avoit précisément que la moitié de la longueur de celle de 4000 liv. Mais si on eût agi dans cette vue, il auroit fallu retrancher, sur certaines parties, ce qu'on eût donné de plus à d'autres ; autrement l'ancre n'a plus le poids proposé, & c'est ce qui arrive dans notre exemple. Si on suppose que toutes les proportions de l'ancre de 4000 liv. ne donnent précisément qu'une ancre du poids de 4000 liv. celles qui ont été données pour l'ancre de 500 liv. donneront une ancre beaucoup plus pesante. Il est vrai qu'on donne ordinairement aux bras des ancres de 500 liv. moins de largeur & d'épaisseur joignant la verge, & moins de largeur & d'épaisseur près de la patte, que le rapport de leur poids avec celui des ancres de 4000 liv. ne le demanderoit ; mais en même temps on fait ici les bras des ancres de 500 liv. plus longs à proportion, ce qui va à peu près à compenser ce qu'on a ôté de l'autre côté ; de sorte que la verge étant beaucoup plus pesante, les mesures données pour les ancres de 500 liv. donnent des ancres d'un poids beaucoup plus grand. Après tout, si les différentes proportions qu'on a suivies jusques ici ne sont pas les vraies, il y a du moins lieu de croire qu'elles s'en écartent peu, puisque des ancres fabriquées sur les unes & les autres, sont de fort bon service.

RÉCAPITULATION,

*Tant de ce qui est contenu dans le Mémoire de M. DE RÉAUMUR,
que dans les Notes que j'y ai jointes.*

ON A VU, à la vérité fort en abrégé, la maniere dont la mine de fer se
convertit en fonte ; comment la fonte se convertit en loupes ; & comment
on étire les loupes en barres, pour en faire ce qu'on appelle *fer marchand.*

Nous avons essayé de faire connoître la maniere d'employer le fer forgé
en gros ouvrages ; car les ancres qui sont d'un volume considérable, sont
bien propres à servir d'exemple.

Nous avons expliqué assez brievement comment les ancres se fabriquoient
avec des mises de loupe, lorsque M. de Seignelay se proposa d'établir la fabrique des ancres dans différentes Provinces ; & l'état où se trouvoit ce travail, lorsque M. de Pontchartrain envoya à Cosne M. Tréfaguet, & des Forgerons de Brest pour le rectifier.

On a vu les progrès de cette fabrique sous différents Ministres, & comment
M. le Comte de Maurepas est parvenu à mettre la Manufacture de Cosne dans
un état fort approchant de la perfection sous la direction de M. Babaud de la
Chaussade (¹).

On fit d'abord les verges & les bras des ancres dans les mêmes forges où
la fonte se convertit en fer forgé. Au lieu de porter les loupes sous le gros
marteau pour les étirer en barres, on les joignoit ensemble sous ce même
gros marteau, & on en formoit ainsi les pieces d'ancres.

Il s'en fabriqua une quantité très-considérable, mais qui furent reconnues
mauvaises. Elles rompirent presque aussi aisément que si elles avoient été
fondues. Les parties ferrugineuses de ces mises n'étoient point liées les unes
aux autres, & elles étoient mêlées d'une grande quantité de laitier qu'on sait
être fragile comme le verre, & qui tient de sa nature.

On crut ensuite qu'elles seroient d'autant plus parfaites, que l'on en ex-
primeroit plus exactement le laitier ; &, pour y parvenir, au lieu de souder
ensemble les loupes en sortant de la chaufferie, on les portoit d'abord seules
sous le gros marteau, où on en exprimoit le laitier le plus qu'il étoit possible,
en les tournant & retournant plusieurs fois, ce qui les alongeoit ; après quoi
on les plioit bout sur bout pour leur faire prendre la forme d'un parallélipipede, auquel on donnoit ensuite une figure approchante de celle d'un

---

(¹) En 1733, M. de la Chaussade acheta le | quatrieme dans sa Terre de Villemenant entre la
fond de cette forge, & M. le Comte de Maurepas | Charité & Nevers. M. de Machault étant Minis-
le chargea de cette partie du service : le succès | tre de la Marine, leur attribua le titre de *Manufac-*
en a été si heureux que M. de la Chaussade fut | *ture Royale*, & les portes en sont gardées par un
obligé de construire une seconde forge à Cosne, | Suisse avec la livrée du Roi.
une troisieme dans sa Terre de Guérigny, & une |

coin. C'eft ce qu'on appelloit *une mife fuée & refoulée* : enfin on foudoit, fous le gros marteau, toutes ces mifes pour en former les verges & les bras des ancres.

Mais ces ancres plus folides que les premieres & moins caffantes, l'étoient encore affez, pour qu'en les éprouvant à la mer, on s'apperçut qu'il étoit très-dangereux d'y confier la fûreté des Navires du Roi.

C'eft ainfi que l'on travailloit, lorfque M. de Pontchartrain envoya à Cofne des Officiers inftruits, afin qu'ils fiffent les épreuves & les tantatives qu'ils jugeroient néceffaires pour perfectionner la fabrique des ancres.

Après avoir examiné ce travail, & la nature du fer que l'on employoit, ils remarquerent que cette derniere façon de fabriquer les ancres, remédioit à l'inconvénient que caufoit la trop grande quantité de laitier renfermée entre les molécules ferrugineufes des mifes de loupes, dont on avoit exprimé une partie en les corroyant; mais que ces parties ferrugineufes, quoique plus rapprochées les unes des autres, n'étoient pas affez engagées les unes dans les autres, pour rendre le fer liant.

M. Trefaguet rejetta entiérement ces fortes de mifes : il fit étirer des barres à la longueur d'environ trois pieds, pour que les molécules s'alongeaffent à mefure que la barre acquéroit de la longueur; & de cette façon les molécules s'engageoient les unes dans les autres : il fit enfuite replier ces barres en trois; après quoi il en fit chauffer les parties avec du charbon de pierre pour les fouder les unes aux autres fous le gros marteau, & leur fit donner la forme d'un parallélipipede, que l'on amorçoit enfuite en coins : par cette opération les molécules de fer reftoient toujours longues, engagées les unes dans les autres, de forte que ce fer, au lieu d'être caffant, étoit fort liant; & on formoit enfuite les pieces d'ancres avec ces mifes, comme on les faifoit auparavant avec les mifes de loupes.

M. de Pontchartrain ordonna qu'on en fît de cette façon, & qu'on les envoyât dans les Ports, où elles réfifterent aux plus vives épreuves.

La fabrique des ancres avoit ainfi acquis un grand degré de perfection.

M. Trefaguet conçut néanmoins que ces ancres pouvoient être fujettes à un inconvénient : favoir, que parmi le grand nombre de mifes affemblées les unes avec les autres, il auroit pu s'en rencontrer quelques-unes qui n'auroient pas été bien foudées; de forte que, quelque bon qu'eût été le refte, l'ancre n'auroit pas laiffé de rompre dans ces endroits.

Il fut donc jugé qu'au lieu de replier en trois chaque barre pour en former une mife, il étoit plus à propos de les laiffer de toute leur longueur, & même de les alonger davantage, afin qu'elles occupaffent toute la longueur de l'ancre ; ce qui revenoit à la méthode qu'on fuivoit dans quelques Ports où l'on avoit effayé de faire des ancres.

Cependant, après avoir examiné cette derniere méthode, on crut y reconnoître plufieurs défauts effentiels qui la rendoient plus dangereufe, par conféquent moins bonne que la précédente.

En fuivant cette méthode dans les Ports, où l'on n'a pas de courant d'eau pour faire jouer les gros marteaux & les foufflets, on prenoit une fuffifante quantité de barres de fer quarré, de la longueur que l'on vouloit donner à l'ancre; on en faifoit un paquet; on l'affembloit avec des liens de fer; on le portoit au feu: &, lorfque ce paquet étoit chaud, plufieurs Forgerons frappoient deffus, & foudoient ainfi ces barres enfemble, ou au moins ils fembloient les fouder: car il faut obferver deux chofes.

La premiere, que la verge d'une ancre devant être plus groffe par un bout que par l'autre, & toutes ces barres étant d'une égale groffeur par-tout, on étoit obligé d'en fourrer de plus courtes entr'elles; ce qui faifoit qu'elles ne pouvoient fe joindre exactement; que certaines parties des barres longues portoient à faux fur l'extrémité des barres courtes, & qu'elles devoient fe caffer, lorfque la verge de l'ancre tendoit à plier dans le mouvement que le vaiffeau lui caufe à la mer; pour cette raifon on avoit pris le parti d'appliquer les courtes barres fur la fuperficie du faifceau; mais on tomboit dans l'inconvénient des mifes.

La feconde chofe à obferver, c'eft que ce paquet, de la maniere qu'on le chauffoit dans les Ports avec des foufflets à bras, ne pouvoit jamais dans le cœur être chaud à fouder; & que fuppofé même qu'il l'eût été, les marteaux à bras ne font pas une impreffion fuffifante pour pénétrer jufqu'au centre du faifceau. On convenoit, dans les Ports, qu'il n'y avoit que la fuperficie qui fe foudoit d'un pouce ou environ d'épaiffeur, & que les barres du milieu reftoient féparées & renfermées feulement dans une écorce ou croûte de fer forgé. On conçoit que cette croûte, qui ne peut être foutenue également par-tout, doit fe rompre dans plufieurs endroits. En ce cas fi l'eau de la mer s'infinue par ces ruptures, elle rouillera & détruira les barres intérieures, qui alors céderont aux moindres efforts.

Il paroiffoit cependant, que fi on pouvoit remédier aux défauts qu'on vient d'expofer, les ancres de barres feroient les meilleures qu'elles peuvent être. On y eft parvenu par la méthode que je vais expofer.

Au lieu d'employer des barres de fer quarré égales dans toute leur longueur, on les fait forger plates & inégales dans leur largeur & leur épaiffeur, pour les proportionner aux dimenfions que la verge doit avoir, & fe difpenfer d'interpofer des bouts de barres courtes entre les longues. On forme donc, avec ces barres pyramidales, un paquet, en les couchant les unes fur les autres par lits; enforte que celles de deffus couvrent les joints de celles de deffous, obfervant de faire ce paquet beaucoup plus court que la piece ne doit être.

Ce paquet eft chauffé jufqu'au centre d'une maniere fuffifante pour être

foudé

foudé par-tout, parce que les foufflets de bois que l'eau fait mouvoir, fourniffent un vent abondant & rapide, dont ceux de cuir qu'on meut à bras ne font point capables. Quand il eft chauffé de cette forte, on le porte fous un gros marteau pefant 800 liv. duquel la forte impreffion furpaffe infiniment celle des marteaux à bras dont on eft obligé de fe fervir dans les Ports où il n'y a point de chûte d'eau pour faire mouvoir un marteau d'une pareille pefanteur. Toutes les barres fe foudent & s'alongent enfemble, les intérieures autant que les extérieures, ce qui prouve qu'elles font toutes fuffifamment chaudes pour être foudées.

Le volume d'une piece faite de cette forte, eft plus petit que celui d'une piece d'un pareil poids faite à bras, parce que la matiere eft plus comprimée, & qu'il ne refte point de vuide entre les barres. Cela paroît démontré, pre-miérement, par la difpofition du paquet avant d'être foudé; fecondement, parce que les barres du centre s'alongent autant que celles de la fuperficie; ce qui prouve qu'elles font à peu-près également chaudes, qu'elles fe font foudées, & qu'elles font toutes un même corps. Dans les petites forges au contraire, le paquet ne pouvant être que rond, parce que les petits marteaux ne pourroient abattre les grands angles d'un paquet quarré, les coups ten-dent plutôt à féparer les barres qu'à les joindre, comme il paroît en frappant fur la fuperficie d'un cercle, formée de plufieurs pieces féparées; il en ré-fulte qu'il refte beaucoup de vuide entre les barres quarrées qu'on ne peut bien arranger quand on forme un paquet rond. D'ailleurs, chaque barre ne peut recevoir qu'obliquement la foible impreffion des petits marteaux; ce qui fait que même celles de la fuperficie font mal foudées; & qu'il s'y doit for-mer beaucoup de *barbes*. Auffi toutes ces barres reftent-elles de la même longeur fans s'alonger, au lieu que le gros marteau, qui porte à plomb fur les barres plattes, les foude & les alonge toutes très-confidérablement. On voit par ce qui précede, qu'à poids égal, ces ancres doivent avoir bien moins de volume que celles fabriquées dans les Ports, & qu'elles ont toutes la perfection que l'on peut defirer, fans qu'elles foient fujettes à aucun des dé-fauts qu'on reproche à celles de mifes, & à celles qui font formées de me-nues barres quarrées & d'égales dimenfions, dans toute leur longueur.

Fabrique des différentes Pieces qui compofent les Ancres.

Les barres qui doivent former la verge ou les bras d'une ancre étant bien éprouvées pour s'affurer fi elles font de bon fer, on les arrange comme il vient d'être dit, les unes fur les autres, afin qu'elles compofent un tout py-ramidal; & pour les joindre, enforte qu'elles puiffent être tranfportées au feu & à l'enclume, on foude des liens en anneaux de différentes grandeur que l'on fait entrer par le petit bout du paquet, jufqu'à l'endroit où on a

ANCRES. K

deſſein qu'ils s'arrêtent , en les y chaſſant à grands coups de marteaux , afin qu'ils ſerrent le paquet qu'ils embraſſent ; & on en met autant qu'on le juge néceſſaire, pour aſſujettir toutes les barres du paquet. Si à quelques endroits les barres paroiſſent dérangées , on les force de reprendre leur place avec des coins qu'on chaſſe entre le lien & la barre qu'on veut aſſujettir.

Avant de mettre le paquet au feu, on doit avoir calculé toutes les dimenſions de l'ancre , ſuivant la figure & les proportions que l'on a deſſein de donner à ſes parties ; après quoi on trace exactement la vraie forme de l'ancre ſur une table bien unie que l'on diviſe de pied en pied par des perpendiculaires à la ligne du milieu.

On porte ce paquet à la forge , en commençant de le chauffer par le petit bout. On met cet endroit au-deſſus & vis-à-vis la tuiere : on le couvre de charbon de terre , & on donne l'eau à la roue des ſoufflets.

Le paquet étant chaud à ſouder dans la longueur d'un pied ou environ , eſt porté ſous le gros marteau qui en ſoude toutes les barres en cet endroit par ſa ſeule impreſſion ; & ayant pris avec deux compas de calibre ſur le patron de l'ancre & l'épaiſſeur & la largeur que doit avoir la piece dans l'endroit qu'on vient de forger , on lui donne exactement, à un quart de ligne près les dimenſions qu'elle y doit avoir ; enſuite on forme de cette ſorte une autre portion , & on continue de la même maniere dans toute l'étendue de l'ancre ; en finiſſant par le gros bout , on l'amorce des deux côtés, c'eſt-à-dire, qu'on l'applatit pour recevoir un bras de chaque côté. A l'égard des bras, ils ne ſont amorcés que du côté qui doit s'appliquer ſur la verge.

La verge étant finie, on chauffe le quarré pour y ſouder deux miſes en ſaillie, qui ſervent à retenir le jas de l'ancre ; &, après avoir marqué l'endroit du trou de l'organeau , on chauffe de nouveau le quarré, & on le porte ſous le gros marteau qui, en frappant ſucceſſivement ſur des mandrins de différente groſſeur , perce le trou où doit entrer l'organeau.

A l'égard des bras, on ſoude ſur chacun une patte formée par pluſieurs miſes réduites à l'épaiſſeur & à la grandeur convenable.

Aſſemblage des Pieces.

LA verge & les deux bras étant finis, on les ſoude enſemble. Pour cela on chauffe le gros bout de la verge & celui d'un des bras; & tous deux étant également chauds, on les porte ſur l'enclume par le moyen de grues auxquelles ils ſont ſuſpendus à une même hauteur que l'enclume. Trois ou quatre coups du gros marteau les ſoudent parfaitement. On chauffe encore le tout, & le ſecond bras que l'on ſoude de la même maniere, enſorte que le bout de la verge ſe trouve engagé entre le bout de chaque bras.

On applique enfuite des mifes dans les aiffelles & aux endroits des joints pour les remplir & les lier plus fermement, & ces mifes fe foudent avec des marteaux à bras. On rogne le bout de la verge & les parties de fer qui font de trop avec une tranche qui eft engagée dans la fente d'un long manche que tient le Maître Ancrier, & fur la tête de laquelle frappent les Forgerons.

Pour donner à chaque bras le tour ou l'arc qui convient, afin qu'elle puiffe s'infinuer dans le fond du terrein, on amarre une corde au bout de la patte ; on paffe l'autre bout dans une mouffle qui eft attachée au milieu de la verge ; & après avoir chauffé le bras au défaut de la patte, ou à l'endroit que l'on veut plier, au moyen de cette corde on parvient à le faire courber de la quantité qu'on juge néceffaire.

Comme la verge & les deux bras de l'ancre que l'on veut affembler, forment une épaiffeur affez confidérable, le marteau à encoller doit retomber d'affez haut, pour donner de forts coups, afin de profiter de la chaleur des pieces qui doivent être foudées en quatre ou cinq coups de ce gros marteau. Son arbre n'a que deux bras ou mentonnets, parce qu'un plus grand nombre ne lui donneroit pas le temps de retomber.

ETAT des Proportions des Ancres qui souffrent quelques variations dans les différentes Fabriques.

Poids des Ancres.	Longueur de la Verge.	Grosseur de la Verge au gros bout.	Grosseur de la Verge auprès du quarré.	Grosseur du quarré en une seule face	Longueur du quarré.	Grosseur des bras à la croisée.	Longueur des bras de la croisée à la patte.	Longueur des bras dont la patte est dessus.	Grosseur des bras contre la patte.	Largeur de la patte.	Longueur de la patte.	Epaisseur de la patte.	Grosseur de l'organeau.	Diamètre de l'organeau.
	pied. pou.	pouc. lig.	pouc. lig.	pouc. lig.	pouc. lig.	pouc. lig.	pouc. lig.	pouc. lig.	pouc. lig.	pouc. lig.	pouc. lig.	lignes.	pouc. lig.	pouces.
6000	15	35	23	7 11	30	35 11	32	36	23	35	36	18	10	30
5900	14 10	34 9	22 11	6 11	29 7	34 9	31 7	35 6	22 11	34 9	35 6	18	9 11	30
5800	14 9	34 7	22 9	6 9	29 2	34 7	31 2	35	22 9	34 7	35	18	9 10	29
5700	14 8	34 4	22 8	6 8	28 9	34 5	30 9	34 6	22 8	34 4	34 6	18	9 9	29
5600	14 7	34 2	22 7	6 7	28 4	34 2	30 4	34	22 7	34 2	34	18	9 8	28
5500	14 5	34	22 6	6 6	27 10	34	30	33 6	22 6	34	33 6	18	9 7	28
5400	14 4	33 9½	22 4	6 4	27 5	33 9	29 7	33	22 4	33 9	33	17	9 6	27
5300	14 3	33 7	22 3	6 3	27	33 7	29 2	32 6	22 3	33 7	32 6	17	9 5	26
5200	14 2	33 4	22 2	6 2	26 8	33 5	28 9	32	22 2	33 4	32	17	9 4	26
5100	14 1	33 2	22 1	6 1	26 4	33 2	28 4	31 6	22 1	33 2	31 6	17	9 2	25
5000	14	33	22	6	26	33	28	31	22	33	31	17	9	24
4900	13 11	32 7	21 10	6	25 10	32 7	27 11	30 11	21 10	32 7	30 11	17	9	24
4800	13 10	32 2	21 8	6	25 8	32 2	27 10	30 10	21 8	32 2	30 10	17	9	24
4700	13 10	31 9	21 5	6	25 6	31 9	27 9	30 9	21 5	31 9	30 9	17	9	24
4600	13 9	31 4	21 3	6	25 3	31 4	27 8	30 8	21 3	31 4	30 8	17	9	24
4500	13 9	30 11	21	6	25 1	30 11	27 7	30 7	21	30 11	30 7	17	9	24
4400	13 8	30 6	20 10	6	24 10	30 6	27 6	30 6	20 10	30 6	30 6	17	9	23
4300	13 7	30 1	20 7	6	24 8	30 1	27 5	30 5	20 7	30 1	30 4	17	9	23
4200	13 7	29 8	20 5	6	24 5	29 8	27 3	30 3	20 5	29 8	30 3	17	9	23
4100	13 6	29 4	20 2	6	24 2	29 4	27 1	30 2	20 2	29 4	30 2	17	9	23
4000	13 6	29	20	6	24	29	27	30	20	29	30	17	9	23
3900	13 5	28 11	19 10	6	23 10	28 11	26 8	29 9	19 10	28 11	29 9	17	9	23
3800	13 5	28 10	19 8	6	23 8	28 10	26 5	29 6	19 8	28 10	29 6	17	9	22
3700	13 4	28 9	19 5	6	23 5	28 9	26 1	29 3	19 5	28 9	29 3	17	9	22
3600	13 4	28 8	19 2	6	23 3	28 8	25 9	29	19 2	28 8	29	17	9	22
3500	13 3	28 7	19	5 ½	23	28 7	25 6	28 9	19	28 7	28 9	16	9	22
3400	13 3	28 6	18 10	5 ½	22 10	28 6	25 3	28 6	18 10	28 6	28 6	16	9	22
3300	13 3	28 5	18 8	5 ½	22 8	28 5	25	28 3	18 8	28 5	28 3	16	9	21
3200	13 2	28 3	18 5	5 ½	22 5	28 3	24 8	28	18 5	28 3	28	16	9	21
3100	13 2	28 1	18 2	5 ½	22 3	28 1	24 4	27 6	18 2	28 1	27 6	16	9	21
3000	13 2	28	18	5 ½	22	28	24	27	18	28	27	16	8	21
2900	13	27 10	17 11	5 ½	22	27 9	23 9	26 10	17 11	28	26 10	16	8	21
2800	12 10	27 8	17 10	5 ½	22	27 7	23 7	26 8	17 10	27	26 8	16	8	21
2700	12 8	27 5	17 9	5 ½	21	27 4	23 4	26 6	17 9	27	26 6	16	8	20
2600	12 6	27 2	17 8	5 ½	21	27 2	23 2	26 4	17 8	27	26 4	16	8	20
2500	12 4	27	17 7	5 ½	21	27	23	26 2	17 7	27	26 2	16	8	20
2400	12 2	26 10	17 6	5 ½	21	26 9	22 9	26	17 6	27	26	16	8	20
2300	12	26 8	17 4	5 ½	20	26 7	22 7	26 1	17 4	26	26	16	8	19
2200	11 10	26 5	17 3	5 ½	20	26 4	22 4½	25 9	17 3	26	25 9	16	8	19
2100	11 9	26 2	17 2	5 ½	20	26 2	22 2	25 4	17 2	26	25 4	16	8	19
2000	11 9	26	17	5 ½	19 10	26	22	25	17	26	25	16	8	19
1900	11 6	25	16	5 ½	19 8	25	21 10	24 10	16 ½	25	24 10	16	8	19
1800	11 3	24	16	5 ½	19 5	24	21 8	24 8	16	24	24 8	16	8	18
1700	11	23	15	5 ½	19 2	23	21 5	24 5	15 ½	23	24 5	16	7	17
1600	10 9	22	15	5 ½	19	22	21 2	24 2	15	22	24 2	15	7	16
1500	10 6	21	14 ½	4 ½	18 10½	21	21	24	14 ½	21	24	15	7	15
1400	10 3	20	14	4 ½	18 8	20	20 10	23 10	14	20	23 10	15	6	14
1300	10	19	13	4 ½	18 6	19	20 8	23 8	13	19 ½	23 8	15	6	13
1200	9 9	18	13	4 ½	18 2	18	20 5	23 5	13	18	23 5	15	5	12
1100	9 6	17	12	4 ½	18	17	20 2	23 2	12	17	23 2	15	5	12
1000	9 4	16	11	4 ½	18	16	20	23	11	16	23	15	5	12
900	8 10	16	10	4 ½	17	15	19	21	10	15	21	14	5	12
800	8 4	15	9	4 4	16	14	18	20	9	14	20	13	5	12
700	7 10	14	8	4 1	15	13	17	18	8	13	18	12	4	11
600	7 4	13	7	3 11	14	12	16	17	7	12	17	11	4	11
500	6 10	12	6	3 8	13	11	15	15	6	11	15	10	4	10
400	6 4	11	5	3 6	12	10	13	14	5	10	14	9	3	10
300	5 10	10	5	3 3	10	9	12	14	5	9	14	8	3	8
200	5 6	9	4	3 3	9	8	11	13	4	8	13	8	2	7
100	5 6	8	4	3	8	8	10	12	4	8	12			7

EXPLICATION

EXPLICATION DES FIGURES
SUR LA FABRIQUE DES ANCRES.

PLANCHE I.

La FIGURE 1 repréfente une ancre couchée fur le terrein; & deffinée réguliérement. *A B*, la verge; *B D*, *B G*, les bras; *M D*, *M G*, les pattes; *D* & *G*, les becs; *M B*, le fort ou le rond des bras; *M D*, *M G*, le foible ou le quarré des bras; *B*, encolure ou croifée. Les angles rentrants formés par les bras & la verge aux côtés de *N*, font les aiffelles. La partie de la verge près *N*, fe nomme *le collet* ou *le fort de la verge*. Entre *Q* & *H* le centre, d'où l'on trace la courbure des bras. *N H D*, triangle équilatéral. *C*, autre centre quand on veut rapprocher les pattes pour faire une anfe de panier : *e* foible de la verge : *e E F*, quarré de la verge ou culaffe de l'ancre. *E*, tourillons. *O*, l'organeau. *R R*, ligne qu'on trace fur le gabari pour élever les perpendiculaires *S S S* à cette ligne, qui font des ordonnées à la courbe du bras. Ces ordonnées fervent à faire prendre aux bras la courbure qu'ils doivent avoir avant qu'ils foient foudés à l'ancre.

Figure 2 repréfente un bras avec fa patte avant qu'il foit courbé, fa patte vue en deffus. *I L*, le bras. *M D M*, le plat de la patte. *M*, les oreilles de la patte. *D*, le bec.

Figure 3 repréfente la même chofe, excepté que la patte eft en deffous; ce qui fait qu'outre le rond *I L* des bras, on voit fon quarré *L D* : le refte comme dans la figure 2.

Figure 4 repréfente la même chofe, excepté que la patte *L D* eft vue par le tranchant, & on voit le rond *I L* du bras & le quarré *L D*.

Figure 5 repréfente la coupe de la verge par la ligne *Q H*.

Figure 6 repréfente un jàs d'ancre *N O*. La ligne ponctuée marque l'endroit où fe réuniffent les deux pieces ou flafques qui le compofent. *P*, les cercles de fer qui les réuniffent. *Q*, le quarré de l'ancre.

Figure 7 défigne la fituation d'une ancre qui touche le fond de la mer quand un vaiffeau mouille. *M*, le vaiffeau. *I*, l'écubier. *I L*, le cable. *L*, l'organeau. *E F*, le jas. *L A*, la verge. *A*, la tête de l'ancre. *A C*, *A D*, les bras. *H G*, ligne ponctuée qui eft fuppofée couper le bras à angle droit.

Figure 8 repréfente une ancre dont les bras *A C*, *A D*, font fuppofés couchés fur le terrein. *A B*, la verge. *B M*, la prolongée de la verge. *E F*, le jas qui eft fuppofé perpendiculaire au terrein. *L*, point de la verge où on fuppofe que réfide le centre de gravité de l'ancre. *B I*, le cable.

ANCRES.   L

Figure 9 repréfente une ancre qui a fes bras *A C*, *A D*, dans une fituation perpendiculaire au terrein, & le jas *F E* parallele & couché fur le terrein. Les autres lettres défignent les mêmes parties qu'à la figure 8.

Figure 10 repréfente deux bras de levier. *L* eft la coupe de la verge.
L B, la moitié du jas; & *L A*, un des bras de l'ancre.

Figure 11 repréfente un ancre dont la verge tombe perpendiculairement fur les bras qu'on fuppofe droits. Le jas eft fuppofé couché fur le
terrein.

Figure 12 repréfente un ancre dont les bras feroient droits, mais beaucoup inclinés vers la verge. Le jas eft toujours fuppofé couché fur le terrein.

Figure 13 repréfente une ancre dont les bras font encore droits, mais
un peu inclinés vers la verge feulement de la quantité convenable, pour que
le jas étant couché fur le terrein, les bras fe préfentent perpendiculairement
fur ce terrein.

Figure 14 repréfente deux ancres empennelées ou mouillées à la fuite
l'une de l'autre.

Figure 15 repréfente un levier fcellé par une extrémité dans une muraille, & dont l'autre extrémité eft chargée d'un poids.

Figure 16 repréfente un Vaiffeau qui leve fon ancre mouillée dans un
fond de fable ou de vafe.

Figure 17 repréfente une ancre qu'on veut lever, & dont la patte eft
engagée entre deux rochers. *A* eft la bouée où répond l'orain qui eft attaché
à la croifée de l'ancre. On tire fur l'orain pour dégager la patte d'entre les
roches.

Figure 18 repréfente une ancre Chinoife. *A B*, le jas qui eft de fer &
foudé prefque au milieu de la verge.

Figure 19 repréfente une ancre d'amarrage qu'on mouille à terre : elle
n'a qu'un bras & point de jas.

Figure 20 repréfente une ancre qui a trois bras & point de jas. On en
faifoit autrefois de pareilles pour les petits Bâtiments.

Figure 21 repréfente un grapin ou une ancre à quatre bras. On s'en fert
pour les abordages, pour les Galeres, & pour les petits Bâtiments : elles
n'ont point de jas.

Figure 22 repréfente un grapin qu'on met au bout des vergues des Brûlots, pour prendre dans les haubans de l'ennemi.

Figure 23 eft une ancre ordinaire fuppofée tirée fuivant la direction
A B.

Figure 24 eft une ancre fuppofée tirée fuivant la direction *C D.*

Figure 25 eft un cylindre fuppofé foutenu fur les deux points d'appui
A & *B*, & chargé au milieu d'un poids *C.*

Figure 26 eft une ancre engagée entre des roches, & dont la verge a
plié.

Figure 27 fert à prouver que dans le cas précédent les parties qui font vers *A*, fouffrent beaucoup plus que celles qui font vers *B*, & qu'au contraire les parties réfiftent de concert dans le cylindre (*fig.* 28) qui n'a pas plié.

Toutes ces figures font relatives aux Notes du commencement du Mémoire, où il eft parlé de la forme qu'il faut donner aux ancres.

PLANCHE II.

FIGURE 1 repréfente un grand fournèau où on fond la mine de fer. *A*, le laitier qui s'écoule. *B*, le métal qui coule & fe moule en gueufe. *C*, Ouvrier qui rompt le laitier pour l'enlever.

Figure 2 repréfente le lingot de fer en grand, ou la gueufe.

Figure 3 repréfente une affinerie. *A*, la gueufe qu'on préfente par le bout à un feu de charbon de bois. On raffemble le fer à demi-fondu avec le ringard *C*, pour en former un loupe.

Figure 4 repréfente une loupe qui reffemble à un corps fpongieux.

Figure 5 repréfente la roue à augets *A*, que l'eau fait tourner. Cette roue fait tourner l'arbre *B* qui porte des mentonnets ou bras *C* qui levent le manche *D* du marteau *E*, pour frapper fur la loupe *F*, que le Forgeron *G* préfente fur l'enclume *H* : remarquez que les bras de l'arbre tournant prennent le manche près du marteau, ce qui le fatigue moins que quand on le prend prefque au milieu, comme on le fait dans les forges des ancres, afin d'avoir plus de levée.

Figure 6 repréfente la même chofe en grand ; & l'on voit le laitier qui fuinte de la loupe fous le marteau.

Figure 7 montre comment on faifit la loupe avec de groffes tenailles.

On voit (*fig.* 8) comment on étire le fer en barres.

Figure 9 eft une barre étirée.

Figure 10 fait voir comme on forge une mife de loupe. Quand on en a formé un parallélipipede *A B*, on la refoule en la préfentant fous le marteau dans la pofition *C D* (*fig.* 11), & enfuite on l'amorce en lui faifant prendre la figure d'un coin (*fig.* 12).

Figure 13 eft deftinée à faire voir comment on foude les mifes pour en former la verge d'une ancre ; & on voit (*fig.* 14) comment on s'affure que la mife eft exactement foudée.

Figure 15 montre la difpofition d'une forge pour les ancres. *A A A*, les crapaudines pour établir trois grues ou trois potences tournantes. La révolution de leurs bras eft marquée par des arcs ponctués, pour faire voir comment elles répondent aux feux & aux enclumes. *B B B*, montrent trois feux ou forges. *C C C*, trois enclumes.

Figure 16 repréfente un feu en grand. On y voit comment le charbon de terre doit former une voûte dont l'intérieur fait l'effet d'un fourneau de réverbere, & un Chauffeur qui retourne une verge d'ancre avec un morceau de bois paffé dans le trou de l'organeau. On imagine bien que cet Ouvrier doit être aidé par d'autres, & que cette verge doit être foutenue par une crémaillere, ou une chaîne &c.

Figure 17 repréfente un faifceau qu'on a formé avec des barres quarrées rangées par zones concentriques, pour faire voir que les vuides qui reftent en *A A A* empêchent que les barres ne fe foudent les unes aux autres.

Figure 18 repréfente la coupe d'un faifceau où les barres font menues, & rangées quarrément les unes fur les autres. La partie ombrée indique la groffeur qu'aura l'ancre quand elle fera forgée. Ces faifceaux ne peuvent être forgés que fous les gros marteaux.

Figures 19 & 20 repréfentent deux coupes faites de barres plattes & pyramidales, arrangées de façon qu'elles forment des liaifons. La coupe (*fig.* 19) eft au fort de la verge; & la coupe (*fig.* 20) eft au foible. *FF*, diametre du gros & du petit bout. *G G*, hauteur du paquet. *H H*, premiere couche qui fert de couverture du gros & du petit bout. *L L*, feconde couche. *M M*, troifieme couche. *N N*, quatrieme couche. *O O*, cinquieme couche. *P P*, fixieme couche. *R R*, feptieme couche. *S S*, huitieme coucouche, *T T*, neuvieme couche qui fert de couverture. On voit que par les coups violents du gros marteau qui pefe 8 à 900 liv. & qui s'éleve fort haut, toutes ces barres font comprimées de *H* en *T*, ce qui foude les joints horizontaux. Comme ces barres s'élargiffent, les joints verticaux fe ferrent les uns les autres, & fe foudent auffi: d'ailleurs, après quelques coups de marteau, on les retourne fur l'enclume pour les forger dans le fens *F F*.

P L A N C H E I I I. *La Vignette.*

FIGURE 1, un Ouvrier qui frappe avec un martean les liens qui doivent affujettir un faifceau de barres pyramidales deftinées à faire la verge d'une ancre : *a*, le gros bout: *b*, le petit bout où l'on voit une des barres du milieu qui excede les autres, & qui porte une anfe dans laquelle on paffe un morceau de bois pour aider à manier le faifceau : *c*, lien détaché.

Figure 2 repréfente la grande forge où l'on chauffe la verge & les bras: *d*, le tas de charbon. Les foufflets ne peuvent être vus étant derriere.

Figure 3 repréfente des Ouvriers qui font occupés à préfenter un faifceau de barres deftiné à faire la verge d'unc ancre fur l'enclume & fous le gros marteau. On n'a mis ici que trois Ouvriers pour éviter la confufion. Le faifceau eft foutenu par une chaîne *f* qui répond à la potence tournante ou à la grue *i g*; remarquez que le faifceau n'eft pas formé, comme il le devroit

être,

être, par des barres plates, & qu'il eſt mal préſenté ſur l'enclume *k* & ſous le marteau *e*; car d'abord il faut que les barres ſoient préſentées ſur leur plat; & de plus c'eſt le petit bout qu'on préſente le premier : *l*, le manche du gros marteau : *p*, les bras de l'arbre tournant *q* : *m*, endroit où l'on a briſé le drome à deſſein.

Dans le fond de la Vignette (*fig.* 4), on voit des Forgerons occupés à faire prendre aux bras la courbure qu'ils doivent avoir quand on n'y a pas réuſſi en les encollant : *n*, pieu contre lequel la verge eſt attachée : *o*, le foyer où l'on a fait chauffer la verge : *p*, le bras qu'on veut courber, auquel eſt attachée une corde qui paſſe dans la poulie *q*, & ſur laquelle les Forgerons tirent. On ſe ſert plus ordinairement de la manœuvre repréſentée au bas de la Planche *IV*.

Explication des Figures du bas de la Planche III.

FIGURES 1 & 2. *m s* repréſentent deux loupes ſoudées l'une contre l'autre, pour faire voir comme on les réuniſſoit pour faire les verges des ancres.

Figure 3. *a* repréſente les miſes dont on s'eſt d'abord ſervi pour faire les ancres de miſes.

Figure 4. *b* eſt eſt la même miſe que celle repréſentée *fig.* 3, mais dont la partie qui étoit la plus large, a été rendue la plus étroite.

Figure 5. *c* eſt une miſe amorcée ou figurée la plus étroite.

Figure V, une barre étirée pour en former une miſe.

Figure 6 *d* repréſente la barre de la figure *V*, qui eſt pliée pour en faire une miſe de fer forgé & étiré.

Figure 7 eſt cette même barre dont les plis ſont ſoudés pour en faire une miſe : on l'amorçoit comme on le voit *fig.* 5.

Figures 8 & 9 font voir comment on formoit une verge d'ancre en ſoudant des miſes les unes au bout des autres : *a*, l'enclume : *b*, la verge : *c*, morceau de bois qui paſſe dans le trou de l'organeau : *d*, la miſe : *e*, ringard ſoudé à la miſe.

Figure 10 repréſente une des barres dont on fait un faiſceau dans les groſſes forges : elle doit être pyramidale, plus groſſe au bout *f* qu'au bout *g*.

Figures 11, 12 & 13 repréſentent un faiſceau de barres pyramidales pour faire la verge d'une ancre : 11, le gros bout : 12, le menu : 13, les liens : *a*, chantiers qui ſupportent le faiſceau : *b*, barre plus longue que les autres qui ſert de ringard : *c*, morceau de bois qui paſſe dans l'anſe du ringard, & qui ſert à manier le faiſceau : remarquez que ce ringard devroit être du côté de 11, parce que c'eſt le petit bout qu'on forge le premier, & qu'on paſſe le morceau de bois *c* dans le trou de l'organeau quand la culaſſe eſt forgée. On doit arranger les barres comme on le voit *Pl. II*, *fig.* 19 & 20.

Figure 14 eſt un lien qui n'eſt pas encore mis en place.

ANCRES.   M

Figure 15 eſt un paquet de barres d'une égale groſſeur dans toute leur longueur, qu'on étoit obligé de groſſir du côté du fort par des quilles de fourniture dont on voit les bouts vers *a.*

Figure 16 eſt une quille de fourniture.

Figure 17 repréſente une autre diſpoſition de quilles de fourniture qui ne vaut pas mieux que la précédente.

Figures 18 & 19 repréſentent une verge forgée à bras. Les barres de l'axe ne ſont pas ſoudées ; il n'y a que celles de la ſuperficie.

Figures 20 , 21 & 22 repréſentent une verge en partie forgée : *a b ,* le quarré ou la culaſſe : *c* , le gros de la verge : *d* , l'extrémité amorcée : *e* , le trou pour l'organeau : *f* , les tourillons.

Figure 23 eſt un bras en partie forgé : *a b* , le quarré : *b c* , le rond : *d* , endroit amorcé. La partie *b c* ſera arrondie.

Figure 24 , 25 repréſente un bras où l'on a ſoudé un ringard *a* pour le manier plus commodément ſous le marteau.

Figure 26 eſt un ringard volant & à griffe dans lequel on engage les bras preſque finis. La partie *a* de la figure 23 entre dans l'anneau *a.* La partie *b* (*fig.* 23) entre dans la griffe *b* (*fig.* 26) , & y eſt arrêtée par la goupille *c* (*fig.* 27).

Figure 28 repréſente une patte brute. Les lignes ponctuées auprès de *a* marquent les miſes : *b* eſt un ringard.

Figure 29 repréſente une patte bordée : *a* , la patte : *b* , le ringard.

Figure 30 eſt un mandrin pour percer le trou de la culaſſe qui doit recevoir l'organeau.

Figure 31 eſt un barreau de fer roulé pour former l'organeau : il ſera mieux repréſenté Planche **VI.**

Figure 32 eſt un bras d'ancre mis à la forge ſous un tas de charbon.

Figure 33 , 34 repréſente une miſe étirée & préparée pour fortifier quelques parties de l'ancre.

Figure 35 , patte finie.

PLANCHE IV. *La Vignette.*

FIGURE 1 repréſente un Forgeron qui attiſe le feu ou arrange le charbon dans la forge *a* où l'on chauffe la verge ; & *b* , eſt un feu où l'on a chauffé les bras.

Figure 2 repréſente des Forgerons qui ſoutiennent & retournent la verge d'une ancre ſur l'enclume : *c d* eſt une chaîne qui ſoutient la verge au moyen de la grue *e e* qui va prendre l'ancre au feu & la porte ſur l'enclume : *f g* , autre chaîne qui porte le bras du feu à l'enclume au moyen de la grue *h.* Comme il eſt important , pour faire un bon encolage , que la verge & les bras ſoient bien calés ſur l'enclume , on s'aide de crémailleres qui tiennent aux bras de la grue , de palans qu'on amarre à des poutres qui font placées au deſſus des bras des grues. On ſoutient & la verge & les bras avec des chantiers : mais il faut que tout cela s'exécute promptement pour battre le fer pendant qu'il eſt chaud. Remarquez qu'on ſoude les deux bras l'un après l'autre ; que le bras *f* qu'on doit ſouder devroit être en deſſus , & que la tête de la verge devroit être amorcée, toutes ces choſes ne ſont pas bien repréſentées dans la figure 2 : *i* eſt le marteau : *k* , une piece de bois qui tient le marteau élevé. Quand on veut qu'il agiſſe , on fait tomber la piece *k* , & on donne l'eau à la roue : *l* , arbre tournant, qui fait agir le marteau : *m n,* deux pieces de charpente qui ſoutiennent l'axe de l'arbre tournant.

On voit dans le fond de la Vignette, des Forgerons occupés à rogner l'excédent de fer qui eſt à la tête de l'ancre (*fig. 3*) : *a,* un Ouvrier qui dirige la verge de l'ancre, qui eſt ſoutenue par la grue *q* : *c,* le Maître Ancrier qui poſe la tranche ſur les endroits qu'il faut retrancher : *b,* Forgeron qui frappe ſur la tranche. Le feu doit être à portée ; mais quand on a bien chauffé la tête de l'ancre, il faut prendre garde que les bras ne ſe dérangent en portant l'ancre ſur l'enclume *p.* On eſt quelquefois obligé de les ſoutenir avec des crémailleres ou des palans.

Explication des Figures du bas de la Planche.

FIGURE 1. *A B* fait voir une tuiere des groſſes forges. *A ,* partie des ſoufflets. *B ,* tuiere dont l'ouverture eſt en demi-cercle.

Figure 2. *C D ,* tuiere dont on ſe ſert pour chauffer les ancres. *C ,* partie des ſoufflets. *D ,* ouverture de la tuiere qui eſt circulaire.

Figure 3. Bras ſoudé avec la patte. *E E,* les ailes de la patte qui eſt bordée. *G F,* le bras. *F,* le bec. *G ,* amorce pour l'encolure.

Figure 4. *H I I,* la patte. *K ,* le bras.

Figure 5 repréſente une verge prête à être encolée. *L M ,* le corps de la verge. *N ,* un ringard.

Figure 6 repréſente la diſpoſition de la verge & des bras qu'on va encoller. Le bras *O P ,* ſe ſoude d'un côté, & le bras *N P* ſe ſoude de l'autre. La tête de la verge, ainſi que l'extrémité des bras, devroient être amorcés. *R Q ,* le quarré ou la culaſſe de la verge.

Figure 7 eſt une ancre à laquelle on rétablit la courbure des bras, *S ,* l'organeau où l'on a paſſé un cordage qui répond à un étrier de fer *X T T,*

Cet étrier eſt retenu par une chaîne de fer *V T T,* qui paſſe derriere la patte *V. Y,* un levier avec lequel on tortille la corde pour forcer ſur le bras qui plie dans l'endroit qu'on a chauffé : *a b, a c, b c,* forment un triangle équilatéral.

Figure 8. Ancre imaginée par M. Perrault : *d,* verge de l'ancre qui devient fourchue en *e* : *f e, f e,* les deux branches de la verge fourchue.

On paſſe le cable *g* dans les trous *ff.* Cette ancre ne peut être d'uſage.

P L A N C H E V. La Vignette.

La Vignette repréſente la maniere d'encoller une ancre avec le gros marteau du Port de Rochefort. *Figure* 1, on voit trois Ouvriers *b*, qui tirent ſur une corde, & trois autres Ouvriers *c* qui tirent ſur une corde parallele, à la précédente, pour faire tomber le marteau. Quoiqu'on n'y ait repréſenté que ſix hommes, on y en employe ordinairement huit. *b* eſt l'enclume ſur laquelle eſt l'ancre qu'on encolle : on voit pluſieurs Forgerons *c* qui ſont occupés à tenir, ſoit la patte, ſoit la verge de l'ancre que l'on forge : *d*, eſt une crémaillere qui ſoutient la verge : *e e*, ſont d'autres grues ſemblables à celle qui eſt détaillée dans la Planche VI. On voit de plus pluſieurs poulies & moufles qui ſervent, ſoit à faire tourner les grues, ſoit à ſoutenir les pieces qu'on forge : *g g*, derriere des ſoufflets de cuir d'une des chaufferies. On voit dans le fond de la Vignette une portion de deux autres chaufferies.

Explication des Figures du bas de la Planche.

Figure 10 repréſente la manœuvre qu'on emploie au Port de Breſt pour radouber les ancres. *A B*, maſſue de fer. *A*, tête de la maſſue. *C B*, la queue qui doit être aſſez menue vers *B*, pour qu'on puiſſe l'empoigner. *C D*, corde par le moyen de laquelle on éleve la maſſue. *D*, poulie ſur laquelle paſſe cette corde. *E*, pluſieurs cordons plus menus, qui ſont tirés par des Ouvriers : ils élevent la maſſue, & un Forgeron qui la ſaiſit vers *B*, la dirige dans ſa chûte ſur l'enclume *F*.

Figure 2 eſt la coupe longitudinale du gros marteau de Rochefort, ainſi que de la charpente qui le ſoutient & des pieces qui le font mouvoir. *G*, le marteau. *H*, endroit où il eſt ſuſpendu. *I H*, la partie du manche qui eſt en dedans de la cage de bois. *K L M*, la barre du reſſort. *O*, chaîne attachée à la queue du manche & à la barre du reſſort. *Q Q*, cric. *R S*, la lanterne. *R*, la portion qui a des fuſeaux. *S*, celle qui n'en a point : *r r*, la cage.

Figure 3, pieces détachées deſſinées plus en grand. *T V V*, le bout de la barre du reſſort. *T*, lien qui retient les crochets, & auquel la chaîne eſt attachée. *V V*, les crochets où le boulon, en figure de verrouil, eſt engagé. *X*, dents ſupérieures du cric, arrêtées dans la queue du boulon. *Y Z*, le boulon dont la queue eſt *Z* : *a*, profil des pieces précédentes.

Figure 4. *b*, une des dents du cric : *c*, clavette qui l'aſſujettit au corps du cric : *d d*, *e f*, la lanterne en perſpective : *g h*, le reſſort.

Figure 5 repréſente le grand marteau vu en perſpective avec

l'aſſemblage

l'affemblage de charpente qui porte les pieces néceffaires pour le faire agir : *k u*, le marteau prefque abattu fur l'enclume *t*. On voit en *l* comment le manche du marteau eft preffé par un des bouts de la barre du reffort : *m*, une des grandes roues qui portent les manivelles : *n*, la roue qui eft de l'autre côté, & qui ne paroît prefque point dans cette figure : *o p*, manivelle : *q*, pieces qui porte les queues des roues & de la lanterne : *r*, affemblage de charpente, qui a été nommé *la cage*.

Figure 6. repréfente la crémaillere qui foutient les pieces qu'on tranf-porte du feu à l'enclume : *s*, la trape placée auprès de l'enclume qui couvre une foffe où entre un des bras quand il en eft befoin.

Figure 7 repréfente un palan, dont on fe fert pour foutenir les groffes pieces : *x*, le cordage du palan.

Figure 8. y, barre ronde dont on forme l'organeau *z*.

Figure 9. 1, 2, jas pofé fur une ancre finie : 3, les deux pieces ou flaf-ques dont le jas eft compofé. Elles font ici réunies avec des cloux, & feu-lement deux frettes : pour les Vaiffeaux du Roi on met fix frettes, comme on le voit Planche I. On voit dans cette figure 9 les trous qui reçoivent les chevilles dont les unes font de fer & les autres de bois : 4, entailles pour recevoir le quarré de l'ancre & les tourillons : 6, 7, coupe du jas à l'endroit des tourillons.

P L A N C H E V I. *Explication des Figures.*

FIGURE 1. Elle repréfente en grand ce que les Forgerons appellent *la grue*, & qui eft véritablement une potence tournante fur le pivot *A. CC*, eft un arbre vertical tournant, qui porte le bras *D D*. Comme ce bras eft long & chargé de gros fardeaux, il eft fortifié par le lien de bois *E*, par l'étrier de fer *G*, & par les tirans de fer *F F*.

Figure 2 repréfente la crémaillere en grand & fort détaillée : *a*, l'étrier de fer qui embraffe le bras de la grue. On voit dans l'étrier un boulon de fer *b*, qui permet à la crémaillere de tourner dans le fens parallele à l'horizon : *c*, verge qui foutient la crémaillere : *d*, les dents de la crémaillere qui s'ac-crochent dans l'étrier de fer *f*, ce qui donne la facilité de l'élever ou de l'abaiffer : *e*, crochet de la crémaillere fur lequel repofe la verge de l'ancre.

Figure 3. Chaîne de fer qui fert aux mêmes ufages que la crémaillere dont je viens de parler : *a*, l'étrier : *b*, le boulon : *c*, crochet qu'on paffe dans les maillons fuivant l'élévation où on veut foutenir la verge de l'ancre.

Figure 4, eft un palan attaché à des poutres qu'on met à deffein au-deffus des feux & des enclumes. Il fert à foutenir la verge de l'ancre lorf-qu'elle eft au feu. L'anfe de corde *a*, qui s'accroche dans les crochets du palan s'appelle une *élingue*. On conçoit qu'elle eft très-commode pour

ANCRES.　　　　　　　　　　　　　　　　　N

embraffer la verge de l'ancre, comme on le voit *fig.* 5.

Figure 5 eft un palan qui fert à foutenir la verge de l'ancre lorfqu'elle eft au feu.

Figure 6, ringard ou barre de fer *b* qui eft foudée à un morceau de fer *a*, pour le manier plus aifément à la forge.

Figure 7, fortes tenailles qui fervent à faifir les pieces qu'on veut forger lorfqu'elles ne font pas trop groffes.

Figures 8, 9, 10 & 11, différents inftruments qu'on nomme *devers*, & qu'on emploie pour manier le fer chaud.

Figure 12, enclume; fouvent on les fait plus baffes & toutes quarrées.

Figure 13 en repréfente la face fupérieure.

Figure 14 eft un faifceau de barres de fer deftinées à être forgées pour faire un organeau. On le voit forgé (*fig.* 15) & amorcé par les deux bouts.

Figure 16, ce barreau forgé, rond & roulé en hélice, comme il doit être pour le paffer dans le trou de la culaffe. Alors on fait enforte que la révolution foit fur un même plan, & ayant donné une chaude aux extrémités, on foude les deux bouts amorcés (*fig.* 17).

Figures 18, 19 & 20 repréfentent des maffes & des marteaux de différents poids & de différente forme.

Figure 21 eft une tranche engagée dans le morceau de bois qui lui fert de manche.

Figure 22 eft un morceau de fer quarré *b*, qu'on nomme *bécaffe*, & qu'on place au fond de la forge. La pointe *a* entre dans le foyer ; elle fert à foutenir fur fa face *b* les pieces qu'on met à la forge, pour les élever au-deffus des tuieres, pendant que la demi-lune (*fig.* 23) qui eft fur le devant de la forge, donne un autre point d'appui à la piece qu'on forge.

Figure 24 eft un rouable pour raffembler le charbon. On doit auffi avoir une pelle.

Figures 25, bringueballe ou levier, qui fert à faire jouer les foufflets à bras.

Figure 26 eft une ancre qu'on fuppofe de trois milliers, & qu'on veut éprouver. *C C*, canons plantés en terre. *G*, poulie fimple faifie à l'organeau dans laquelle paffe le cordage *D D*, qui doit être proportionné à la groffeur de l'ancre. *E*, pieu planté en terre où eft tenu un bout de ce cordage. *F*, cabeftan où eft paffé l'autre bout du même cordage. On doit virer au cabeftan, jufqu'a ce que le cordage rompe.

Figure 27, une ancre dont les deux pattes appuient fur deux pieux *D*. En appliquant beaucoup de force en *B*, fuivant la direction *A B*, trois bonnes ancres rompirent en *C*.

Figure 28 eft une mife forgée pour fouder aux bras & aux autres endroits qu'il faut fortifier.

Figure 29 eft le plan d'une trappe qui couvre une foffe qu'on pratique auprès de l'enclume, afin que les bras n'empêchent point de tourner l'ancre de tous fens fur l'enclume.

DIMÉNSIONS de quelques Ancres assez généralement adoptées dans la Marine.

Poids des Ancres.	Longueur de la Verge. (pieds)	(pou.)	Grosseur de la Verge au gros bout. (pouces)	Grosseur de la Verge auprès du quarré. (pouces)	Largeur d'une des faces du quarré. (pouc.)	(lig.)	Longueur du quarré. (pou.)	(lig.)	Grosseur des bras à la croisée. (pouc.)	(lig.)	Longueur des bras de la croisé à la patte. (pouces)	Longueur de la partie des bras recouverte par la patte. (pouces)	Grosseur des bras auprès de la patte. (pou.)	(lig.)	Largeur de la patte. (pou.)	(lig.)	Longueur de la patte. (pouc.)	(lig.)	Epaisseur de la patte. (pouces)	Grosseur de l'organeau. (pou.)	(lig.)	Diametre de l'organeau. (pouces)
6000	15		35	23	7	11	30		35	11	32	36	23		35		36		18	10		30
5000	14		33	22	6		26		33		28	31	22		33		31		17	9		24
4000	13	6	29	20	6		24		29		27	30	20		29		30		17	9		23
3000	13	2	28	18	5	6	22		28		24	27	18	2	28	1	27	6	16	8	6	21
2000	11	9	26	17	5		19	10	26		22	25	17		26		25		16	8		19
1000	9	4	16	11	4	9	18		16		20	23	11		16		23		15	5		12
500	6	10	12	6	3	8	13		11		15	15	6		11		15	6	10	4		10
300	5	10	10	5	3	3	10		9		12	14	5		9		14		8	3		9
200	5	6	9	4	3	3	9		8		11	13	4		8		13		8	2	6	8
100	5	6	8	4	3		8		8		10	12	4		8		12		8	2	6	7

EXPLICATION

De quelques Termes qui ont rapport à la Forge des Ancres.

On n'y a point compris ceux qui regardent les grosses Forges, parce que nous n'en parlons qu'en passant, & qu'on expliquera ces termes, lorsqu'on traitera expressément de cet Art.

A

AILES d'une ancre. Voyez *Pattes.*

AISSELLES : ce sont les angles rentrants qui sont formés par la verge & les bras : on fortifie les aisselles par des mises.

AMORCER un morceau de fer : quelques-uns disent *Emorcer* : c'est l'applatir par un de ses bouts comme un coin ; il faut amorcer les mises, les bras, & généralement toutes les pieces qu'on veut souder.

ANCRE. Gros crampon formé par une forte verge qui se partage par un de ses bouts en deux ou plusieurs branches courbes & pointues, & qui porte à l'extrémité un anneau auquel on attache ou on *étalingue* un gros cable qui répond de l'autre bout au Vaisseau.

L'ancre doit entrer ou *mordre* dans le fond de la mer, & fixer le vaisseau en un lieu par l'effort qu'elle oppose au vent, aux courants & à la lame.

Les parties principales d'une ancre sont le corps où la verge, les bras, les pattes, l'organeau. Elle a de plus son quarré, ou sa culasse, ses tourillons, son fort, son foible : les bras ont aussi leur fort & leur foible, leur rond & leur quarré. Tous ces termes sont expliqués page 2.

Jetter l'ancre ou *mouiller*, c'est quand abandonnée à son poids elle se précipite au fond de la mer. *Le mouillage* est le terrein où l'ancre s'attache : quand le fond est de vase ferme ou de sable, on dit que *le mouillage est bon* ; s'il est de roche, de galet ou de vase molle, *le mouillage ne vaut rien* ; car l'ancre ne mordant point ou ne tenant pas ferme, elle obéit aux efforts du vaisseau qui *chasse* sur son ancre & court risque de se perdre. Dans les fonds de roche ou de galet les cables se *raguent* & *s'étripent*, c'est-à-dire, qu'ils s'usent.

Quelques-uns disent *ancrage* au lieu de *mouillage* : mais c'est improprement ; car l'ancrage est un droit d'Amirauté.

Désancrer ou *lever l'ancre*, est la détacher du fond pour l'amener au vaisseau : quand elle a quitté le fond, on dit, qu'elle a *dérapé.*

Ancre à demeure ou *ancre d'amarrage*, est celle qui est toujours fixée en un même lieu, souvent à terre au bord du rivage, pour y amarrer ou *touer* les vaisseaux. Quelquefois ces sortes d'ancres n'ont qu'un bras.

Il y a ordinairement sur un vaisseau : 1°, l'ancre de miséricorde : 2°, la grosse ancre : 3°, l'ancre de veille : 4°, l'ancre d'affourche : 5°, deux ancres à touer.

L'ancre de miséricorde, qu'on nomme aussi *l'ancre de la calle*, est une fort grosse ancre qu'on tient dans la calle pour y avoir recours dans les befoins preffants. Quelques Capitaines n'en veulent point, parce qu'on s'en fert rarement, & que fouvent le danger eft paffé avant qu'on l'ait *parée* & mife en état de fervir.

Les deux ancres *de bord* ou *des boffoirs*, font: 1°, *la groffe ancre* qu'on nomme auffi *la maîtreffe ancre*; c'eft celle qu'on mouille le plus ordinairement: l'autre eft *l'ancre de veille*, qui eft prefque auffi groffe que la précédente; on la tient toute prête à mouiller fi l'autre chaffoit: quelques-uns appellent la maîtreffe ancre celle *de la calle.*

Les ancres *d'affourche* font auffi aux boffoirs. Ce font des ancres moins groffes qu'on mouille pour empêcher les vaiffeaux d'obéir aux courants & à la marée; quand un vaiffeau eft affourché fur deux ancres, celle qui s'oppofe à la marée montante s'appelle *l'ancre de flot*, & celle qui s'oppofe à la marée defcendante fe nomme *l'ancre de jufan*: de même *l'ancre du large* fe dit par oppofition à *l'ancre de terre*; celle-ci eft du côté de la terre, l'autre du côté de la pleine mer.

On dit que des ancres font *empennelées*, quand on en mouille deux à la fuite l'une de l'autre.

Brider une ancre, eft élargir la furface de fes pattes, lorfqu'on mouille dans un fond de vafe molle.

Les *ancres à touer*, font de petites ancres que la chaloupe va mouiller à l'avant, & qui fourniffent un point fixe pour fe rendre dans un endroit en virant fur le cabeftan.

Gouverner fur fon ancre, eft porter le cap fur la bouée pour fe rendre *à pic* ou perpendiculairement fur l'ancre.

B

BEC, ou improprement *la béque* d'une ancre, eft l'extrémité la plus menue des bras: le bec répond à un des angles des pattes.

BOUÉE. Voyez *Orain.*

BRAS. Les bras d'une ancre font des pieces courbes qui font foudées au bout de la verge, & qui doivent entrer dans le terrein pour affujettir le vaiffeau. On diftingue le fort & le foible, le rond & le quarré des bras, fur lequel font foudées les pattes, le bec & l'extrémité de ce quarré.

BRIDER une ancre. Voyez *Ancre.*

C

CABLE. C'eft un gros cordage qui répond d'un bout à l'ancre, & de l'autre au vaiffeau.

CALCAIRE. Les pierres calcaires font celles qui par la calcination fe réduifent en chaux: la caftine eft une pierre calcaire qui fe charge des foufres de la mine.

CARGUER les voiles, c'eft les plier en tout ou en partie pour rallentir la marche du vaiffeau.

CASTINE. Pierre qu'on mêle avec la mine de fer pour aider à la formation des fcories. Voyez *calcaire.*

CHASSER fur fon ancre: un vaiffeau *chaffe fur fon ancre* quand elle obéit à fes efforts.

CHAUDE. Donner *une chaude*, eft tenir le fer au feu, jufqu'à ce qu'il ait pris affez de chaleur pour être forgé ou foudé. On dit que pour faire une bonne foudure, il faut donner au fer *une chaude fuante*, c'eft-à-dire, qu'il commence à fondre.

CINGLER, chez les forgerons, fignifie *forger*, *étirer*, *corroyer le fer*, en un mot, le pétrir. Ce mot chez les Marins eft fynonyme avec *filler.*

CRÉMAILLERE. Dans les forges, c'eft une forte de crochet brifé qu'on peut fixer à différentes hauteurs, au moyen d'une piece dentée qu'on arrête avec une bride de fer qui fait l'office d'un linguet. Cet inftrument reffemble fort aux crémailleres des cuifines.

CROISÉE. La croifée d'une ancre eft formée par les deux bras qui font foudés au bout de la verge: quelques-uns appellent cette partie *la croffe.*

CULASSE, ou le quarré de la verge, eft une portion qu'on fait quarrée du côté de l'organeau, pour que le jas foit mieux affujetti: le quarré des bras eft la partie la plus menue fur laquelle on foude les pattes.

D

DAVIER. Voyez *Ringard volant.*

DÉRAPER. Voyez *Ancre.*

DÉSANCRER. Voyez *Ancre.*

DEVERS. Inftruments de fer de différentes formes, qui fervent à faifir & manier le fer lorfqu'il eft chaud. C'eft quelquefois un levier, d'autres fois un crochet ou un morceau de fer percé d'un trou dans fon milieu: nous en avons fait graver de plufieurs formes.

E

EGUILLE de fourure. Voyez *pag.* 18.

EMPENNELER une ancre Voyez *Ancre.*

ENCOLLER, c'eft fouder les bras à la verge.

EPATTÉE. Une ancre épattée eft celle qui a perdu une de fes pattes.

F

FER affiné eft le fer forgé en barre. Voyez *pag.* 11.

FOIBLE de la verge & des bras. Voyez *Ancre.*

FOND de bonne ou de mauvaife tenue. Voyez *Ancre.*

FONTE de fer. Voyez *page* 11.

FOURURES.

FOURURES. Sortes de mises qu'on joignoit autrefois aux barres, pour augmenter la grosseur de la verge & des bras.

FRETTES. Anneaux de fer plat, qui servent à réunir les faisceaux des barres.

G

GRAPINS. Petites ancres qui ont le plus souvent quatre bras & point de jas: les grapins du bout des vergues pour les brûlots, sont des especes de crochets: nous les avons fait graver.

GRUE. On nomme ainsi dans les forges des ancres des potences tournantes qui servent à porter les grosses pieces de fer du feu à l'enclume.

GUEUSE. Gros lingot de fer fondu qu'on moule au sortir du grand fourneau : elle a la forme d'un prisme.

J

JAS. Deux pieces de bois exactement jointes ensemble qui embrassent le quarré de la verge : elles sont réunies par des chevilles & des frettes; on nomme quelquefois ces pieces des *jumelles* ou des *flasques*.

L

LAITIER ou *Litier*. Scories de fer à demi vitrifiées qui nagent sur le métal dans les grands fourneaux.

LEVER L'ANCRE, c'est l'amener à bord.

LOUPE. C'est du fer de gueuse, fondu par du charbon de bois, & qu'on a un peu pétri sous le marteau.

M

MISES. Ce sont deux morceaux de fer détachés qu'on soude ensemble pour en faire une grosse masse.

MOUILLER L'ANCRE, c'est la laisser tomber au fonde de la mer. Voyez *Ancre*.

O

OREILLE. Ce sont deux des angles des pattes. Voyez *Pattes*.

ORGANEAU. Anneau de fer auquel on attache le cable.

ORIN ou ORAIN. Cordage qui est amarré à la tête de l'ancre ou à la croisée, auquel on attache à l'autre bout la bouée qui le fait flotter. Cette bouée est quelquefois un barril, quelquefois des morceaux de liege fermement assujettis les uns aux autres. On hâle sur l'orin, quand on est forcé de lever l'ancre, comme on dit, par les cheveux.

OUVRER, en terme de Forgeron, est corroyer le fer. Un fer bien ouvré & qui n'est point brûlé, est doux & liant.

ANCRES.

P

PALAN. Les Marins appellent ainsi les poulies moufflées.

PARER UNE ANCRE, en terme de Marins, est la disposer à être mouillée; & *parer une ancre*, chez les Forgerons, est retrancher ce qu'il y a de trop avec la tranche, & souder des mises aux endroits où il n'y a pas assez de fer.

PATTES. Les pattes sont des morceaux de fer plats à peu-près triangulaires qu'on soude au bout des bras : deux des angles forment les oreilles, & le troisieme le bec.

PRENDRE. On dit que *l'ancre prend*, quand elle entre & mord dans le fond de la mer.

Q

QUARRÉ de la verge. Voyez *Culasse*. Des bras. Voyez *Bras*.

QUILLES DE FOURNITURE. Ce sont des bouts de barre auxquels on donne une forme pyramidale, & qu'on employoit autrefois pour augmenter la grosseur de la verge du côté de la croisée.

R

RINGARD. Barreau de fer qu'on soude au bout d'une piece qu'on veut chauffer & forger pour la manier plus commodément. On s'en sert quand les morceaux étant courts n'ont pas assez de prise, sur-tout quand ils sont trop pesants pour être saisis avec des tenailles. On forme ordinairement au bout des ringards une anse, dans laquelle on passe un morceau de bois pour tourner aisément la piece sur l'enclume. On nomme *ringard volant* ou *davier*, un barreau de fer qu'on attache à la piece qu'on veut forger, au moyen d'anneaux & de crampons

ROUABLE. C'est quelquefois une espece de ratissoire emmanchée dans du bois, d'autres fois un crochet ou espece de fourgon : son usage est d'attiser le charbon, & dans les fontes, d'écumer le métal.

S

SILLAGE. Le sillage d'un vaisseau est la même chose que sa marche. On dit indifféremment : *ce vaisseau marche bien*, ou *il a un bon sillage*.

T

TENIR BON, se dit quand l'ancre résiste aux efforts du vaisseau.

TOURILLONS D'UNE ANCRE, ce sont deux pieces de fer qu'on soude sur le quarré de la verge, & qui sont encastrées dans les flasques du jas.

TUIERE. Canal de fonte par lequel le vent des soufflets sort pour exciter le feu.

O

V

VERGE D'UNE ANCRE, est un gros barreau de fer qui forme la longueur de l'ancre. On distingue le gros ou le fort de la verge de son foible; la culasse fait partie de la verge, & elle est à son foible. Dans quelques Port on dit improprement *la vergue* au lieu de la verge.

On pourra penser que j'aurois dû fondre mes Notes avec le Texte de M. DE REAUMUR ; mais j'ai respecté l'Ouvrage de ce célebre Académicien, ce qui m'a déterminé à ne point confondre mes idées avec les siennes. Au reste le parti que j'ai pris, un peu moins agréable pour le Lecteur, n'en sera peut-être que plus instructif.

FIN DE LA FABRIQUE DES ANCRES.

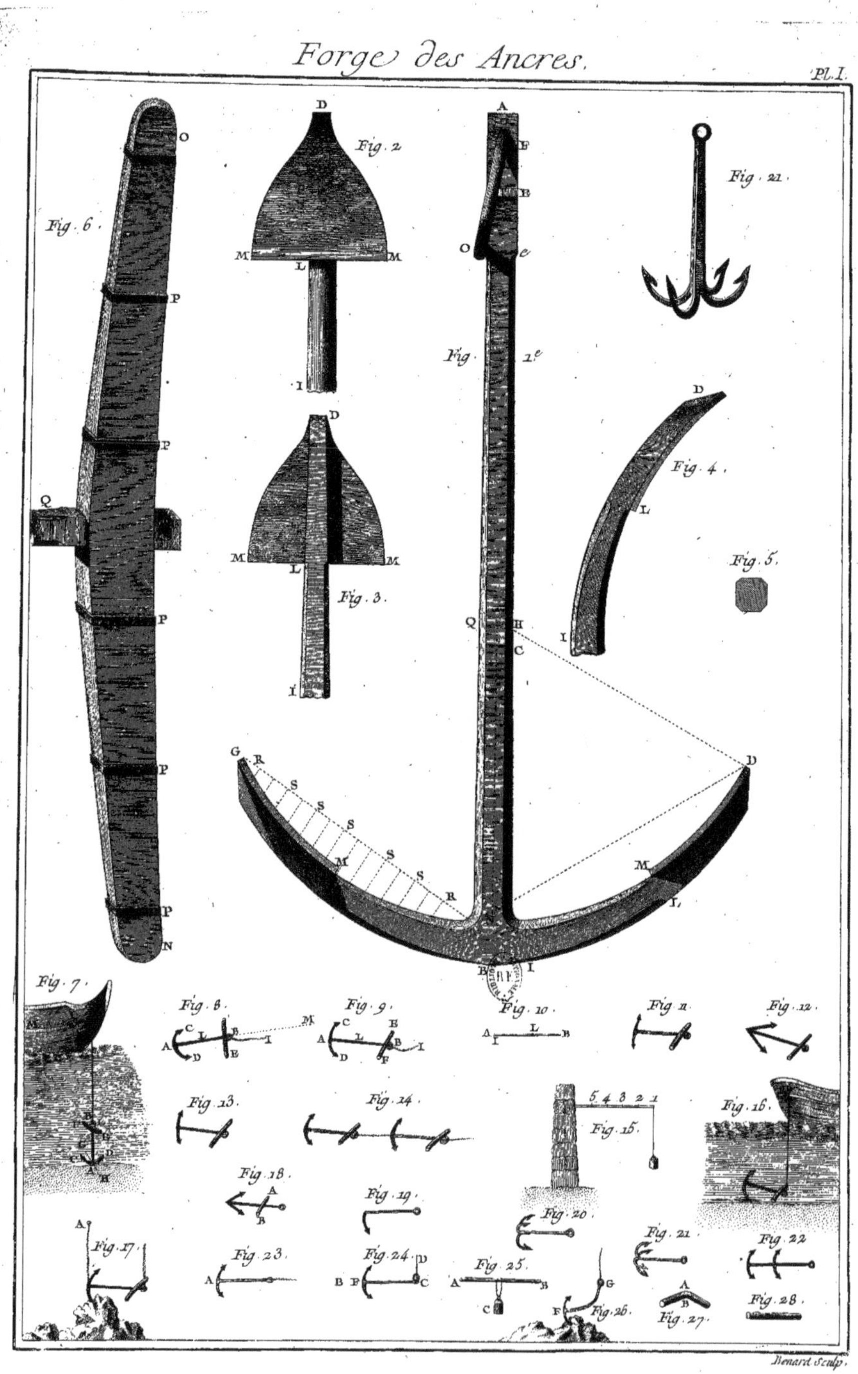

Benard Sculp.

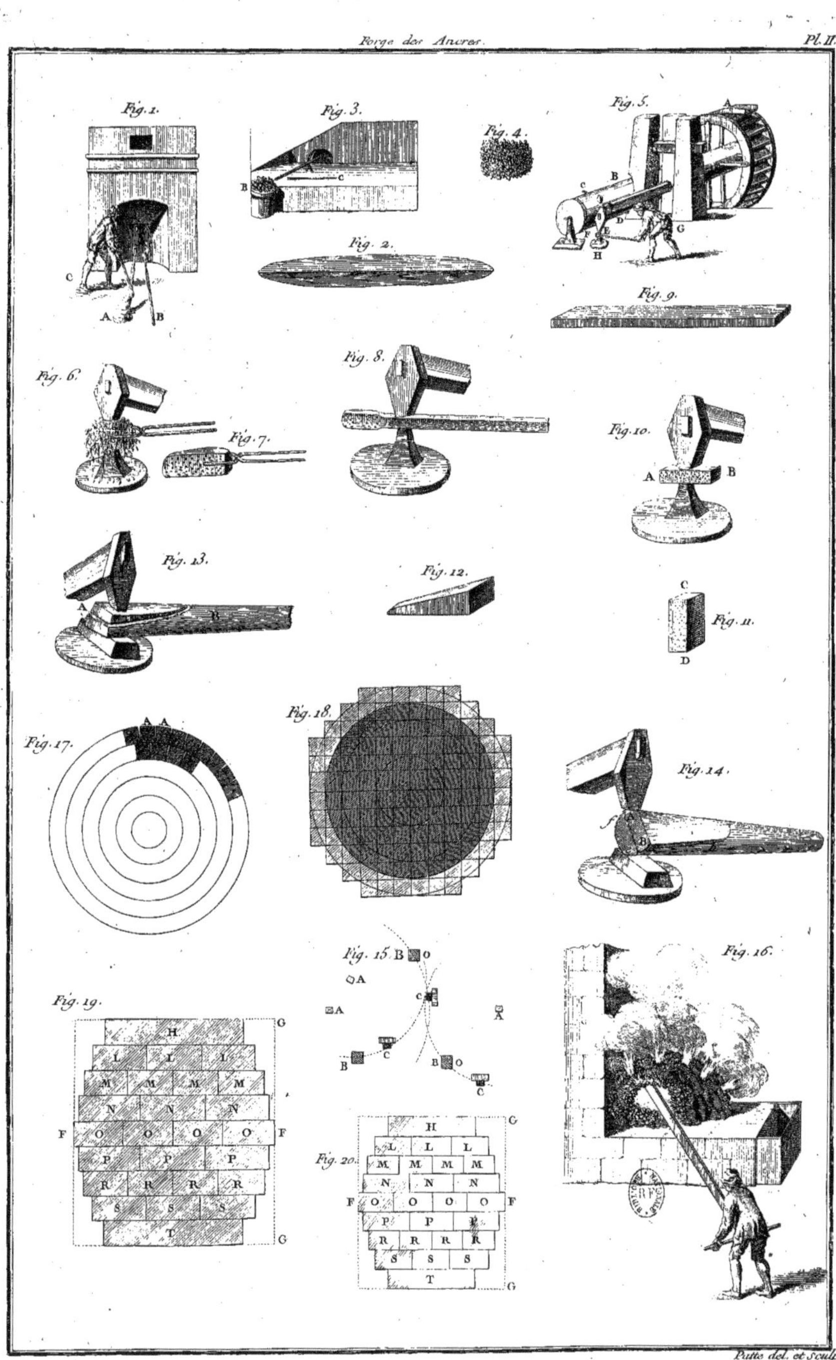

Patte del. et Sculp.

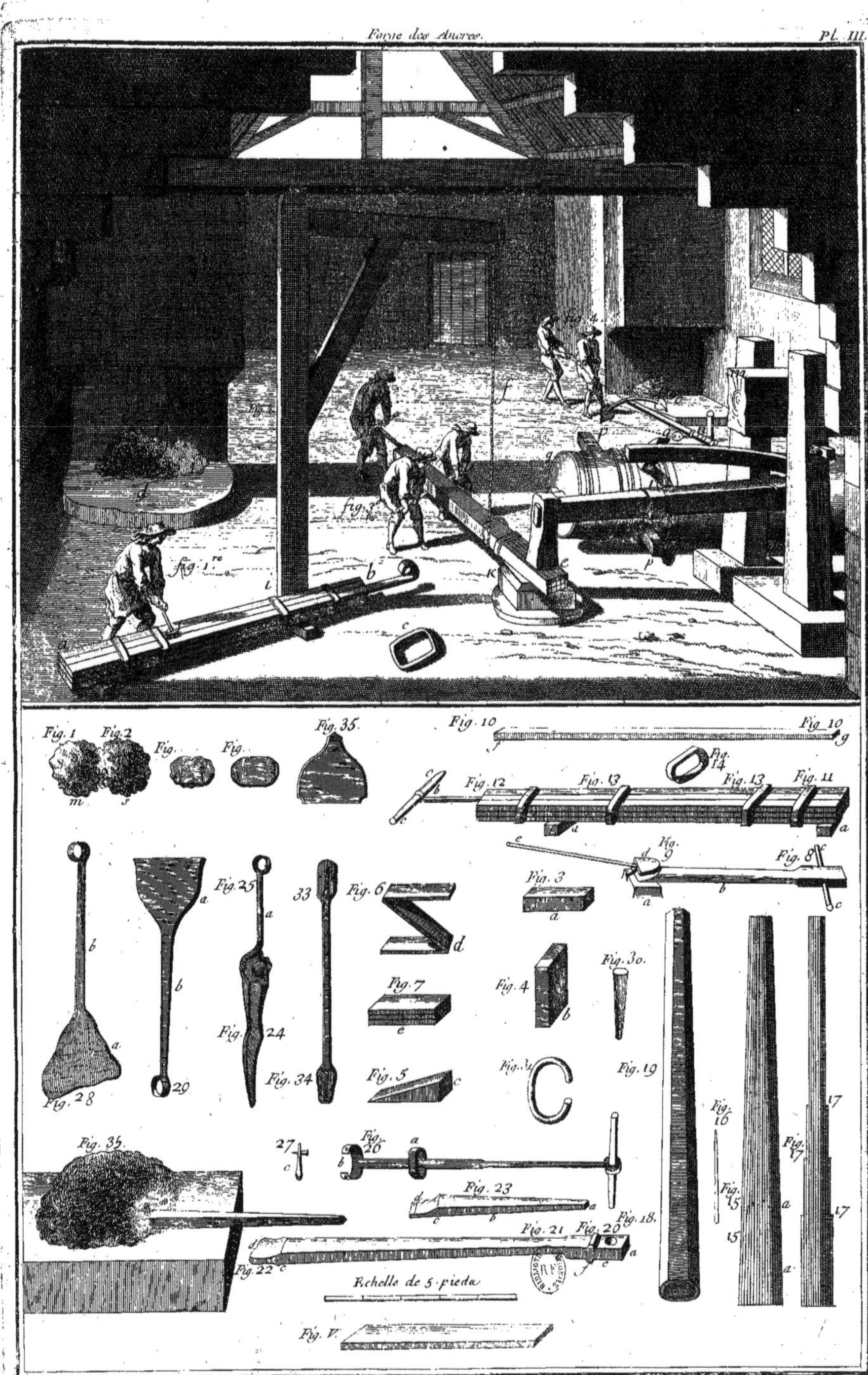

Forge des Ancres.
PL. III.
Fig. 1.re
Fig. 2.
Fig. 35.
Fig. 10
Fig. 10
Fig. 12
Fig. 13
Fig. 14
Fig. 13
Fig. 11
Fig. 3
Fig. 9
Fig. 8
Fig. 25
Fig. 6
Fig. 4
Fig. 30
Fig. 7
Fig. 24
Fig. 34
Fig. 19
Fig. 5
Fig. 28
Fig. 29
Fig. 16
Fig. 17
Fig. 15
Fig. 35
Fig. 27
Fig. 26
Fig. 23
Fig. 21
Fig. 20
Fig. 18
Fig. 22
Echelle de 5 pieds.
Fig. V.
Pot is corr.
Lucas sculp.

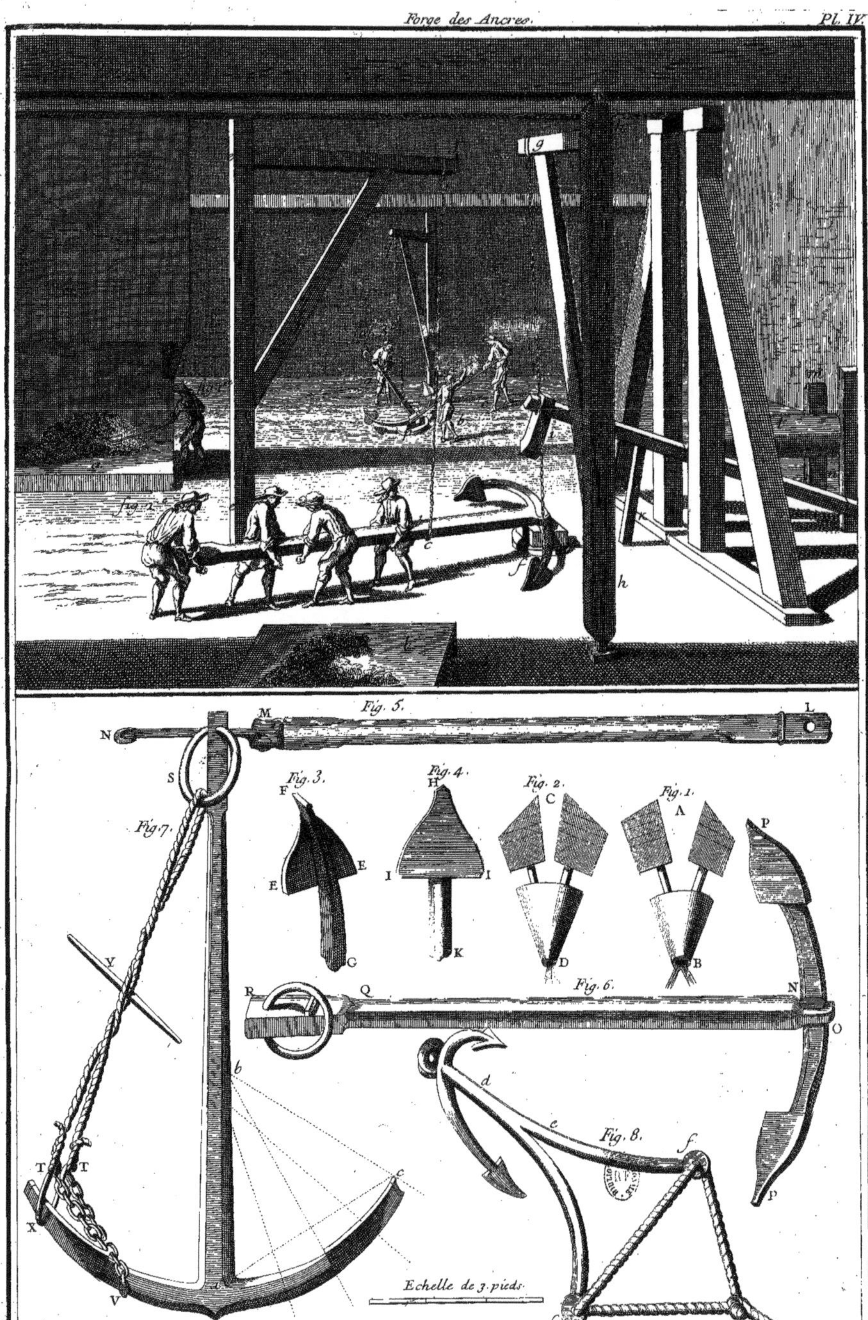

Patte corr.

Lucas scul.

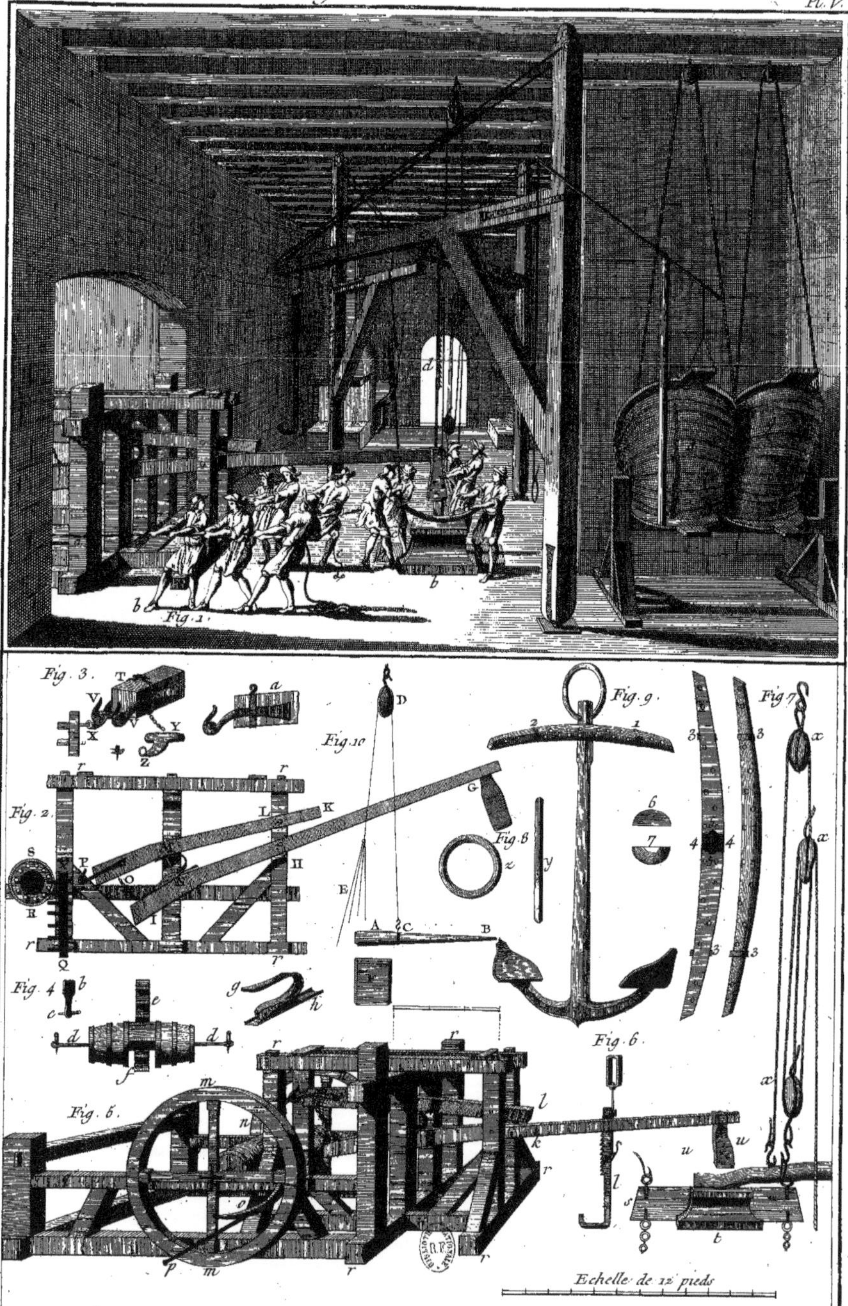

Benard Sculp.

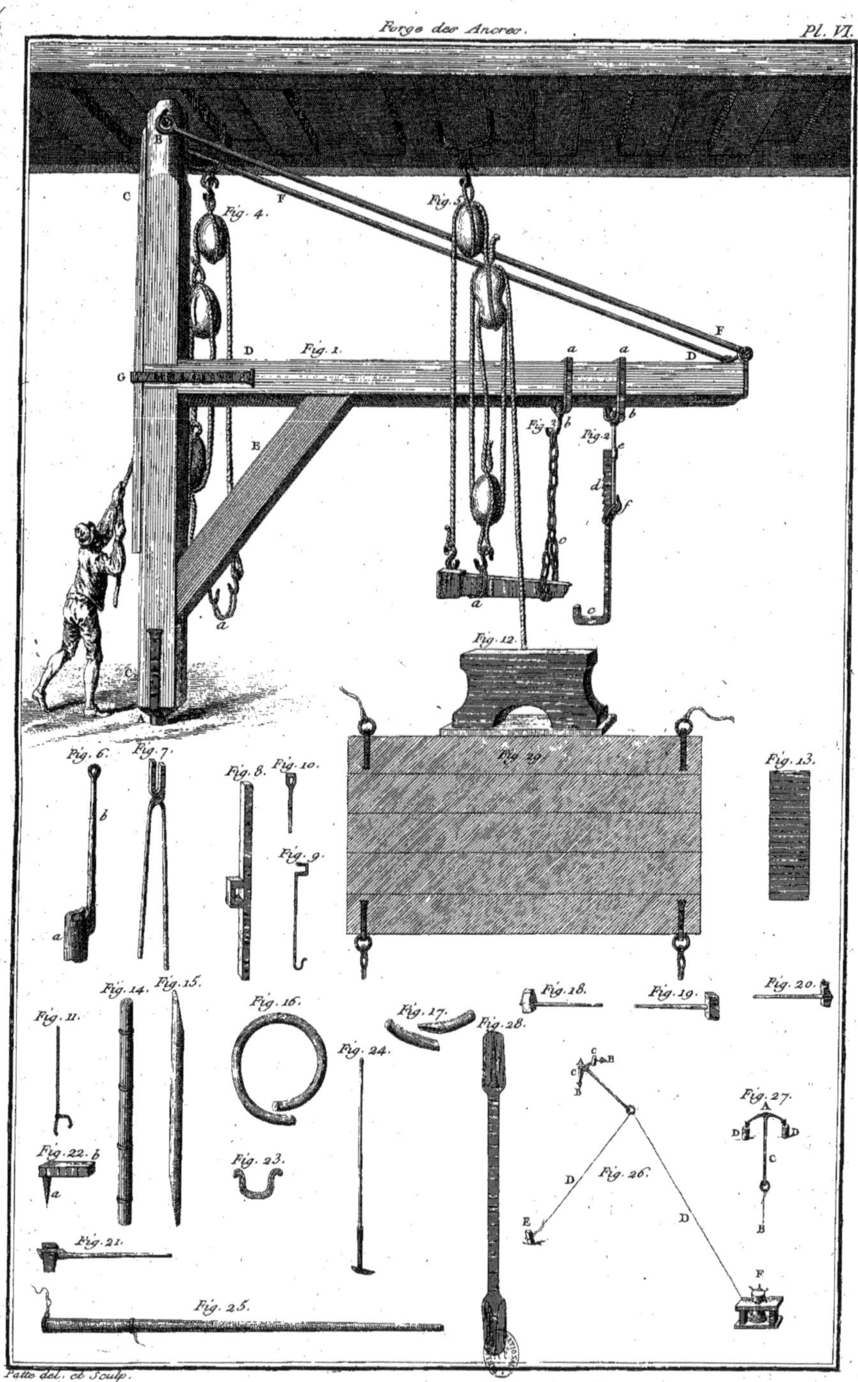

Forge des Ancres.
Pl. VI.
Fig. 4.
Fig. 5.
Fig. 1.
Fig. 2.
Fig. 3.
Fig. 12.
Fig. 29.
Fig. 13.
Fig. 6.
Fig. 7.
Fig. 8.
Fig. 9.
Fig. 10.
Fig. 11.
Fig. 14.
Fig. 15.
Fig. 16.
Fig. 17.
Fig. 18.
Fig. 19.
Fig. 20.
Fig. 21.
Fig. 22.
Fig. 23.
Fig. 24.
Fig. 25.
Fig. 26.
Fig. 27.
Fig. 28.
Patte del. et Sculp.